ALCOOLOGIA

O Alcoolismo na Perspectiva da Saúde Pública

José Mauro Braz de Lima

Professor Associado da Faculdade de Medicina da Universidade Federal do Rio de Janeiro – UFRJ

Coordenador do Programa Acadêmico CEPRAL – Instituto de Neurologia Deolindo Couto

Membro da Sociétè Française d'Alcoologie

Presidente de Honra da Sociedade Brasileira de Alcoologia

Medbook

EDITORA CIENTÍFICA LTDA.

ALCOOLOGIA – O Alcoolismo na Perspectiva da Saúde Pública

NOTA DA EDITORA: O autor desta obra verificou cuidadosamente os nomes genéricos e comerciais dos medicamentos mencionados; também conferiu os dados referentes à posologia, objetivando informações acuradas e de acordo com os padrões atualmente aceitos. Entretanto, em função do dinamismo da área de saúde, os leitores devem prestar atenção às informações fornecidas pelos fabricantes, a fim de se certificarem de que as doses preconizadas ou as contra-indicações não sofreram modificações, principalmente em relação a substâncias novas ou prescritas com pouca freqüência. O autor e a editora não podem ser responsabilizados pelo uso impróprio nem pela aplicação incorreta de produto apresentado nesta obra.

Apesar de terem envidado o máximo de esforço para localizar os detentores dos direitos autorais de qualquer material utilizado, o autor e os editores desta obra estão dispostos a acertos posteriores caso, inadvertidamente, a identificação de algum deles tenha sido omitida.

Editoração Eletrônica: REDB – Produções Gráficas e Editoriais Ltda.
Capa: Baldissara

MEDBOOK Editora Científica Ltda.
Rua Pereira de Almeida, 14
Cep 20260-100 – Praça da Bandeira
Tel.: (21) 2502-4438 – Fax: (21) 2221-6089
medbook@superig.com.br
Rio de Janeiro – RJ

Aos meus filhos,
Júlia, Pedro e Aline
que continuam fazendo
de mim um eterno navegador,
"...porquanto navegar é preciso..."
À Selene, companheira, parceira
e cúmplice desta bela viagem, a vida.

Setembro de 2007.
Mauro

Colaboradores

Angela Mendes Abreu

Chefe do Departamento de Enfermagem e Saúde Pública – Escola de Enfermagem Anna Nery – UFRJ
(Colaboração no Capítulo 10 – O Álcool e os Adolescentes de Trânsito).

Fernando Duarte Lopes Moreira

Médico Especialista em Medicina de Tráfego pela ABRAMET
Médico da FETRANSPOR – RJ
(Colaboração no Capítulo 10 – O Álcool e os Adolescentes de Trânsito).

Selene Franco Barreto

Psicóloga Especialista na Área de Problemas Relacionados ao Alcoolismo e Outras Drogas
Diretora de Evolução Clínica e Consultoria
(Colaboração no Capítulo 9 – Álcool, Saúde do Trabalhador e a Empresa)

Prefácio

Valho-me desta oportunidade, que me é concedida pelo autor, para levar ao conhecimento de seus leitores, prezados parceiros nessa caminhada, algumas considerações que a Secretaria Nacional Antidrogas (SENAD) julga importantes na contextualização do papel do governo no que se refere à Política Nacional sobre o Álcool.

De há muito a sociedade brasileira clamava por uma política pública específica para o álcool, que viesse ao encontro de seus anseios, justificados pelos altos índices de consumo e dependência química dessa chamada "droga lícita", assim como pelo fato de estar, o álcool, por detrás da maioria dos crimes de homicídio, violência doméstica e acidentes de trânsito com vítimas. Não era para menos. Do muito que já se tem falado sobre o assunto, sempre é bom lembrar que os dados colhidos nos relatórios nacionais e internacionais deixam claro que, do uso social ao problemático, o álcool é a droga mais consumida no mundo. São cerca de dois bilhões de pessoas que consomem álcool, cujo uso indevido é responsável por 3,2% de todas as mortes e por 4% de todos os anos perdidos de vida útil, no mundo. Na América Latina são 16% (OMS, 2004).

Outros estudos nacionais e internacionais têm demonstrado a ocorrência significativa de mortes e doenças associadas ao uso indevido de álcool. Relatos de violência doméstica, lesões corporais, tentativas de homicídios consumados, assim como outras situações de conflitos interpessoais, são cada vez mais evidentes em contextos nos quais o álcool se faz presente.

O II Levantamento Domiciliar sobre o Uso de Drogas Psicotrópicas no Brasil, promovido pela Secretaria Nacional Antidrogas (SENAD), em 2005, aponta que 12,3% das pessoas, com idades entre 12 e 65 anos, são portadores de alcoolismo e cerca de 75% já beberam alguma vez na vida. Os dados também indicam o consumo de álcool em faixas etárias cada vez mais precoces e sugerem a necessidade de revisão das medidas de controle, prevenção e tratamento. Preocupada com esses índices, digamos, quantitativos, a SENAD encomendou um levantamento nacional dos padrões de consumo do álcool, em vias de ser divulgado, e que confirma a urgência por medidas concretas com relação ao tema.

É bom lembrar que governo brasileiro, por ocasião do realinhamento de sua Política Nacional Antidrogas, atendeu às importantes contribuições trazidas pela sociedade ao longo dos seis fóruns regionais que promoveu, incluindo aí, a alteração do nome da própria política, que passou a denominar-se "sobre drogas". Estava, assim, materializada a convicção de que a preocupação governamental com as drogas extrapola as drogas ilícitas, para, agora, incluir as chamadas lícitas, dentre as quais o álcool.

Como passo seguinte, em novembro de 2005, o governo brasileiro, apoiado pela Organização Pan-americana de Saúde (OPAS), promoveu e financiou a 1ª Conferência Pan-americana de Políticas Públicas para o Álcool, reunindo representantes governamentais de 26 países, que discutiram o impacto na saúde e na segurança, do consumo indevido de álcool na região. A conferência teve como resultado a elaboração da Declaração de Brasília de Políticas Públicas sobre o Álcool, um documento que elenca uma série de recomendações sobre medidas possíveis de serem tomadas pelos países na implementação de suas políticas sobre o álcool.

Em 27 de setembro de 2006, o Decreto 5.912 regulamentou a Lei 11.343 de 23 de agosto de 2006, que trata das políticas públicas sobre drogas e da instituição do Sistema Nacional de Políticas Públicas sobre Drogas (SISNAD). O Conselho Nacional Antidrogas (CONAD), como órgão superior do SISNAD, ciente dos graves problemas inerentes ao consumo prejudicial de álcool e com o objetivo de abrir espaço de participação social para a discussão de tão importante tema, instalou a Câmara Especial de Políticas Públicas sobre o Álcool (CEPPA). Esta Câmara, composta por diferentes órgãos governamentais e representantes da sociedade civil, iniciou suas atividades a partir dos resultados do Grupo Técnico Interministerial, criado no Ministério da Saúde, em 2003. No ambiente desta Câmara, foi discutido e aprovado um elenco de medidas passíveis de implementação pelos órgãos de governo no âmbito de suas competências e outras de articulação com setores da sociedade. Foi, então, que surgiu a Política Nacional sobre o Álcool, na forma do Decreto Presidencial 6.117 de 22 de maio de 2007. É importante enfatizar que a Política não se esgota nas medidas ali determinadas, pois, na verdade, como consta do artigo 2º do decreto, a política "terá início com a implantação das medidas para redução do uso indevido de álcool e sua associação com a violência e criminalidade a que se refere o Anexo II".

Finalmente, congratulo-me com o prezado parceiro, professor Dr. José Mauro Braz de Lima, por mais esta obra que em muito contribuirá para o aprofundamento dos conhecimentos da Alcoologia, sob a forma de uma visão sistêmica do alcoolismo.

Brasília, 27 de julho de 2007
Paulo Roberto Yog de Miranda Uchôa
Secretário Nacional Antidrogas

Prefácio da 1ª Edição

Si l'alcool est une substance présente dans notre environnement depuis dês millénaires, dans la mesure ou il suffit de laisser fermenter um jus sucré pour que l'alcool apparaisse spontanément par fermentation, l'Alcoologie est, elle, une discipline três recente. Elle se définie comme: << discipline consacrée a tout ce qui a trait, dans lê monde, à la relation de l'homme à l'ethanol: production, conservation, distribution, consommation, avec lês implications de ce phénoméne, causes et conséquences, soit au niveau collectif national et international, social, économique et juridique, soit au niveau individuel, espirituel, psychologique, et somatique >> Sur lê plan medical, il s'agit pour l'Alcoologie Clinique d'aider une personne à modifier son rapport à l'alcool afin de diminuer ou de suppimer une souffrance ou um risque important de souffrance que l'on pense créé ou favorisé par lês conduites d'alcoolisation de la persone. Cette souffrance provenant soit d'um usage nocif lié aux effets toxiques de l'alcool qu'ils soient biologiques, psychologiques ou sociaux, soit à la dépendance liée au povoir addictogéne de l'alcool.

En France c'est au Dr. Pierre FOUQUET que nous devons lê concept d'Alcoologie qui a permis, derrière lês questions que pose depuis longtemps la toxicité de l'alcool, de se poser une autre questions: celle du sens à Donner au fait de consommer une substance toxique. Qu'est-ce qui nous pousse à consommer de l'alcool, produit aux effets ambivalents s'il em est: source de plaisir èventuel aprés um apprentisage biologique, mais aussi source de tant de souffrances?

Avec lê développement de l'Alcoologie ne peut se compendre que dans um rèseau de connaissance, de réflexion qui dépasse lartgement lê simple champ de la médicine. Sont concernes par l'Alcoologie, toutes lês disciplines qui ont à voir avec la notion de bien être ou de qualité de vie: lês sciences sociales, humaines, la psychologie, l'histoire... mais aussi la justice, l'urbanusme, l'agriculture, l'ecologie...

Au Brésil, lê Professeur José Mauro Braz de Lima est depuis de nombreuses années fortement5 impliqué dans a prise de conscience du role que joue l'alcool dans notre societé contemporaine. Grace à lui j'ai pu, à l'occasion de deux voyages de travail au Brésil sur lê théme de l'Alcoologie, repérer l'evolution rapide qui se fait dans lês espirits vis-à-vi de ce probléme de santé publique.

Nous pensons tourjours tout connâitre de l'alcool que nous côtoyons de manières journalière dans les magasins, dans la publicité, dans les livres, dans les films... mais ce livre à pour objectif de montrer qu'il reste beacoup à découvir dans lê domaine de l'Alcoologie, et je ne doute pás qu'à la fin de as lecture un champ important de nouvelles connaissances aura été ouvert et que dês questions, dês réflexions nouvelles vont apparaître.

Il reste au Professeur José Mauro Braz de Lima à poursuive au Brésil lê developpement de l'Alcoologie avec um projet ambiteux de formation universitaire am Alcoologie et dans une réflexion collective au seind d'une Société Brésilienne d'Alcoologie comme cela existe déjaá em France et au Portugal.

Didier Playoust
Vice-President de la Société Francaise d'Alcoologie
Chef du Service de la Clinique d'Alcoologie
Centre Hospitalier de Tourcoing - Lille, France

Apresentação

Esta nova edição, revisada e ampliada, não constitui uma mera atualização, mas sim quase um novo livro em face dos acréscimos dos novos capítulos e das novas observações inseridas nos diversos outros. Representa, também, uma evolução da trajetória da Alcoologia no Brasil, hoje bem mais conhecida e divulgada, apesar de ainda não ser um termo do dia-a-dia e encontrar algumas resistências decorrentes mais de um mero conservadorismo do que de oposição conceitual. Pesa, também, o ambiente da saúde, que, como em outras áreas, sofre fortes influências de hegemonia americana, não só aqui como em muitos outros países ocidentais, inclusive na França. Como houve resistência inicial entre os próprios franceses, a Alcoologia se desenvolveu a partir dos anos 1980 e se estendeu para grande parte dos países da comunidade européia, refletindo a necessidade de se dar maior atenção aos problemas relacionados ao uso, abuso e dependência do álcool.

Outro fator que teve grande peso nesta evolução foi o reconhecimento, cada vez mais evidente, da extensão e da prevalência do alcoolismo como uma das principais questões que a sociedade contemporânea enfrenta; a própria Organização Mundial da Saúde (OMS) reconhece no alcoolismo a terceira maior causa morbidade e da mortalidade na atualidade.

Assim, neste novo volume, ampliamos alguns capítulos e criamos outros para dar o espaço merecido para alguns temas, tais como: acidentes de trânsito, ambiente do trabalho, síndrome alcoólica fetal, emergências médicas e questões voltadas para a população jovem.

Vale ressaltar a feliz coincidência de que neste exato momento em que escrevíamos a 2ª edição, era assinado o Decreto 6.117, de 22 de maio de 2007, aprovando a Política Nacional sobre o Álcool – resultado de excelente trabalho desenvolvido nos últimos anos pela Secretaria Nacional Antidrogas (SENAD), consagrando uma nova visão e abordagem do alcoolismo como verdadeiro problema de Saúde Pública. Neste sentido, é altamente pertinente esta nova política que vem privilegiar a visão sistêmica, como já preconizava a Alcoologia por meio das políticas públicas desenvolvidas por diversos países da Comunidade Européia; daí ser de grande importância a elaboração deste decreto que inaugura nova fase no embate dos problemas do álcool no Brasil, exatamente neste momento em que nos tornamos um dos maiores produtores e consumidores de bebidas alcoólicas do mundo.

Portanto, espero que esta 2ª edição venha contribuir efetivamente com a nova fase pela qual passa a sociedade brasileira no enfrentamento das tantas conseqüências e prejuízos relacionados ao abuso de bebidas alcoólicas. Que esta obra venha colaborar como mais um trabalho de referência na literatura médica brasileira para todos aqueles profissionais da área da Saúde e de outras afins, que se dedicam de modo direto ou indireto a minimizar as perdas e os danos relacionados ao o uso, abuso e à dependência do álcool.

Rio, setembro de 2007
José Mauro Braz de Lima

Sumário

ALCOOLOGIA

O Alcoolismo na Perspectiva da Saúde Pública

CAPÍTULO

1

Introdução

Os problemas relacionados ao uso, abuso e à dependência do álcool devem ser considerados, hoje, verdadeiras questões de saúde pública, em face do impacto dos mesmos nos índices de morbidade e mortalidade. Não que estes índices tenham aumentado tanto, mas, sobretudo, pela subestimação da real situação que, pelos mais diversos motivos, sempre existiu e não era considerada. O abuso de bebidas alcoólicas, como é sabido, traz enormes perdas e prejuízos para a saúde e a economia. Desde quando o consumo de álcool passou para níveis bastante elevados, tornou-se relevante problema social, sobretudo a partir da década de 1950. Contudo, já no final do século XIX, as doenças relacionadas ao álcool, de modo mais direto, chamaram a atenção dos médicos, que então passaram a considerar o alcoolismo como doença. Os distúrbios psicológicos decorrentes do álcool eram vistos pelo aspecto ético-moral, o que contribuía para a negação e mesmo rejeição do problema e da doença em si.

Nas últimas décadas, constatou-se um impressionante aumento do consumo de bebidas alcoólicas em muitos países, desenvolvidos ou não, fazendo com que os problemas relacionados a este aumento repercutissem na saúde e na economia de modo nunca observado. Na década de 1920, após a I Grande Guerra, a "Lei Seca" foi instituída nos Estados Unidos em face das conseqüências então observadas. Após 1933, suspensa esta Lei, o consumo, que não se reduzira tanto, voltou a crescer em vários países, alcançando, a partir dos anos 1970, importante expansão da produção de bebidas alcoólicas graças às tecnologias cada vez mais sofisticadas e à força da propaganda. Segundo recente pesquisa do IBGE (Instituto Brasileiro de Geografia e Estatística), o consumo de cerveja triplicou no período de 1979 a 2000, passando da 41ª posição na lista de produtos mais vendidos, para a 4ª posição. Atualmente estamos produzindo mais de 10 bilhões de litros de cerveja ao ano.

Diante deste panorama de grande e progressivo consumo de bebidas alcoólicas, fermentadas ou destiladas, os "naturais problemas" de saúde decorrentes só têm aumentado na mesma medida, embora isto não seja motivo de grande apreensão das autoridades ou dos órgãos de saúde, em face da ausência de atitudes de enfrentamento efetivo. Os gastos referentes à gama de conseqüências e prejuízos decorrentes do alcoolismo alcançam hoje no Brasil o equivalente a 7,0% do PIB, ou seja, cerca de 150 bilhões de reais. Levando-se em conta que o orçamento do Ministério da Saúde, com as habituais emendas, chegue a 45 bilhões de reais, o governo gasta três vezes mais com o alcoolismo. Conclui-se então que muitas das doenças crônicas, psiquiátricas ou não, problemas ligados à saúde do trabalhador, a violência em geral, os acidentes de trânsito, os danos cerebrais de milhares de crianças, filhos de mães que beberam durante a gravidez etc. devem estar negligenciados e subestimados.

Este quadro, que tem como fator básico o consumo de bebidas alcoólicas de forma nociva e/ou abusiva, apresenta-se em diversos países do mundo de modo semelhante, e tem-se configurado como um dos principais problemas de saúde pública da sociedade moderna ou pós-moderna. O hábito da bebida está inserido nas mais diversas culturas, ocidentais e orientais, com diferentes peculiaridades sócio-culturais inerentes a cada país. Contudo, nos países da Europa, onde a cultura do vinho é predominante e o consumo se faz de modo mais prevalente, a preocupação com as conseqüências do uso abusivo de vinho e de cerveja fez com que as autoridades de saúde dos governos daqueles países implementassem programas especiais de prevenção e de tratamento para pessoas com problemas de saúde decorrentes do álcool.

Deste modo, em face da necessidade de se enfrentar o problema de forma integrada e sistêmica, surgiu na França o conceito de "Alcoologia" como uma nova disciplina consagrada ao estudo das relações do homem com as bebidas alcoólicas e com o álcool (Pierre Fouquet, 1967). Surge, assim, um movimento que logo foi adotado por outros países da Comunidade Européia, apesar de algumas resistências, fazendo com que hoje quase todos os países membros desenvolvam programas dentro do novo conceito da Alcoologia, com apoio inclusive da OMS. Portanto, a Alcoologia se institui como nova disciplina que integra as diversas áreas da saúde, envolvendo também questões de outras áreas, tais como economia, educação, segurança, políticas públicas etc.

Este livro pretende, todavia, apresentar uma idéia da nova concepção de abordagem integrada e sistêmica dos problemas relacionados ao uso, abuso e à dependência de bebidas alcoólicas, como preconiza a Alcoologia. Por outro lado, esta mesma obra tem como preocupação mostrar a real dimensão do alcoolismo que, muitas vezes é subestimada ou mesmo negada pela ciência médica, uma vez que são justamente os médicos os primeiros a se defrontarem com a extensa e prevalente gama de doenças decorrentes do álcool. Ao mostrar para os profissionais da área da saúde e de outras afins a real extensão desta questão, tem-se também o objetivo de trazer uma efetiva contribuição para melhor conhecimento e melhor entendimento deste que hoje é um dos principais problemas de saúde pública – o alcoolismo.

Nesta segunda edição, revisada e ampliada, é muito importante considerar a atual realidade no que concerne ao aumento do consumo de bebidas alcoólicas no Brasil, sobretudo das cervejas. O "II Levantamento Nacional do Uso de Drogas Psicotrópicas no Brasil", realizado pela CEBRID (Centro Brasileiro de Informações sobre Drogas Psicotrópicas) (SP) em 2006, encomendado pela SENAD (Secretaria Nacional Antidrogas), mostra dados preocupantes com relação ao "I Levantamento", realizado em 2001. Em cinco anos houve aumento de 10% de pessoas com dependência de álcool (doentes), passando de 11,2% para 12,3% da população estudada (de 12 a 65 anos). Nas grandes cidades, com população acima de 200.000 habitantes, o aumento foi de 30% de dependentes.

Outro aspecto preocupante também é o fato de este aumento ser predominante entre as mulheres (13,5%) em relação aos homens (7,5%), e a população mais envolvida ser a de jovens (adolescentes e adultos jovens de 18 a 29 anos).

Estas observações são imprescindíveis para serem discutidas com seriedade, neste momento em que o Ministro da Saúde, a ANVISA e algumas organizações da Sociedade Civil debatem o papel da propaganda de bebidas alcoólicas, sobretudo das cervejas. A função da publicidade é aumentar a venda de qualquer produto, e não reduzi-la, é óbvio. Portanto, na perspectiva de se tentar reduzir os danos relacionados ao abuso de álcool na saúde, nos acidentes de trânsito e de trabalho, na violência, e em outras conseqüências nefastas, é importante discutir a importância de restringir a propaganda de bebidas alcoólicas aos horários apropriados (das 21 h às 6 h, por exemplo), a exemplo do que já acontece em muitos países com problemas semelhantes.

Enfim, toda a sociedade está sendo chamada para refletir e agir em prol das ações estratégicas possíveis para reduzir as conseqüências e prejuízos associados ao uso e abuso de bebidas alcoólicas em nosso país, neste momento.

CAPÍTULO

2

Alcoologia: Uma Nova Disciplina

O termo "alcoologia" foi instituído por Pierre Fouquet, psiquiatra francês, em um artigo publicado na revista *Álcool ou Santé*, em 1967, termo este que só há cerca de 10 anos veio figurar nos dicionários da França e de Portugal. No Brasil, só na obra de Antonio Houaiss, na edição de 2002, encontramos a palavra definida como "nova disciplina que estuda o álcool e o alcoolismo".

Assim Fouquet define alcoologia em seu artigo publicado há mais de 30 anos:

> *"... discipline consacrée a tout ce qui trait dans le monde à l'alcool éthylique, production, conservation, distribution, consommation normale et pathologique avec les implicatinos de ce phénomène, causes et conséquences, soit au niveau collectif; national et international, social, économique et juridique, soit au niveau individuel-spirituel, psichologique et somatique. Cette discipline autonome empreinte ses outils de connaissance aux principales sciences humaines, économiques, juridiques et medicales trouvant dans evolution dynamique ses lois propes".*

"...disciplina consagrada a tudo o que trata do mundo do álcool etílico, produção, conservação, distribuição, consumo normal e patológico com as implicações desse fenômeno, suas causas e suas conseqüências, seja no nível coletivo, nacional e internacional, social, econômico e jurídico, seja no nível individual, espiritual, psicológico e somático. Esta disciplina autônoma incorpora como seus instrumentos os saberes principais das ciências humanas, econômicas, jurídicas e médicas, encontrando na sua evolução suas próprias leis".

Em outras palavras, o conceito de Alcoologia compreende um enfoque abrangente que interliga, de forma sistêmica, os diferentes problemas relacionados ao alcoolismo, decorrentes do uso, abuso e dependência, aos diversos determinantes ou fatores envolvidos na causalidade do processo, concepção esta avançada em relação ao enfoque estritamente médico, dado até então, pela medicina convencional, que visa tão somente à questão da doença orgânica com o seu substrato anatomopatológico (cirrose, pancreatite, lesões do sistema nervoso periférico, atrofia do cérebro etc.), deixando de considerar as outras manifestações psicológicas e sociais, as quais se restringiram aos aspectos de natureza ético-moral.

Esta minimização em vigor ainda hoje, de certa forma, mantém o alcoolista como paciente predominantemente psiquiátrico e, por isso, algo excluído, fazendo com que o seu tratamento se realize tão-somente no espaço da "doença mental", ao lado de reais doentes mentais, como psicóticos crônicos e outros. O próprio sistema de saúde oficial reconhece o paciente alcoolista freqüentemente por meio dos parâmetros de "Saúde Mental", com a complacência dos próprios médicos, dos familiares e do paciente que, com sua peculiar baixa auto-estima e culpa, se vê como tal.

Assim é que, desde a instituição dos hospitais psiquiátricos na Europa do século XIX, os alcoolistas representam a principal clientela a ocupar cerca de 50% dos leitos, como se observa ainda hoje. É verdade que alcoolismo e doença mental têm superposições inequívocas, porém sabe-se que uma parte significativa apresenta outro problema a não ser o próprio alcoolismo, com manifestações orgânicas sistêmicas mais pertinentes à clínica médica, à cardiologia, à gastroenterologia, à traumato-ortopedia e à neurologia. Em face do peso destas condições nas taxas de morbidade e de mortalidade e sua repercussão econômica, não resta dúvida da necessidade do enfoque pela saúde pública.

Em nosso dia-a-dia, constatamos esta "evidente realidade", a qual acabamos "acostumados", pois faz parte do "sistema". É contra esta visão restrita que Fouquet, levando em conta os aspectos mais abrangentes, procura mostrar a necessidade de se considerar os outros ângulos da questão e sua complexidade intrínseca.

Não foi talvez por acaso que esta nova concepção surgiu na época de outras importantes mudanças de paradigmas sociais e culturais, como foi nos anos de 1960. É nesta época que começa a eclodir o problema das drogas ilícitas (maconha, cocaína, LSD), juntamente com o chamado movimento de contracultura, tendo nos jovens os principais atores dos protestos característicos de então. O consumo das drogas em geral vem aumentando progressivamente, chegando hoje a níveis impressionantes. O consumo de álcool, de modo semelhante, também sob a influência dos mesmos fatores sócio-culturais, vem aumentando como droga lícita, sem contudo ser alvo de qualquer preocupação mais articulada em face dos prejuízos e conseqüências deletérias para a saúde do indivíduo, da família e da sociedade como um todo.

Deste modo, diante da extensão e da abrangência dos problemas relativos ao abuso de bebidas alcoólicas e da dimensão dos gastos com as doenças crônico-degenerativas, os governos e outras instituições começaram a preocupar-se com a situação que se apresentava de forma progressiva, comprometendo cada vez mais milhões de pessoas (e bilhões de reais). Por outro lado, o relativo fracasso do modelo médico vigente em relação ao alcoolismo contribuiu para que os problemas relacionados ao álcool passassem a ser vistos como situação bastante especial. Diante deste fator, além de outros, a maior parte dos países da Europa estabeleceu estratégias mais elaboradas de combate aos problemas do alcoolismo e sua prevenção.

Não há dúvida de que o consumo de vinho, cerveja, cachaça, uísque, vodka etc. não é a mesma coisa que o consumo de drogas ilícitas, analisando-se a questão pelo aspecto da criminalidade inerente a estas. Contudo, nos anos 1980, na Europa, começou-se a construir, de forma mais sistematizada, programas elaborados para prevenção e tratamento sob a responsabilidade dos governos e de outras entidades civis não-governamentais, apesar de as questões relacionadas às drogas "pesadas" serem motivo de grande atenção.

Dentro deste contexto, a Alcoologia passou a ser cada vez mais reconhecida, apesar de algumas resistências e negações do meio médico, por atender com sua base teórica e prática às necessidades de um novo enfoque que pudesse sustentar uma política mais consistente e com maior resolutividade, e ser, efetivamente, implementada.

Surgem, então, as campanhas articuladas de prevenção do consumo nocivo de bebidas alcoólicas, sobretudo por jovens envolvidos nos acidentes de trânsito responsáveis por milhares de mortes todo ano, além do alcoolismo nas empresas e nas escolas e do alcoolismo fetal, outra "doença" que passou a fazer parte do rol das conseqüências do álcool, até então "desconhecida" ou negligenciada.

Os centros integrados de Alcoologia, as clínicas de Alcoologia e a formação das sociedades de Alcoologia, na maioria dos países da Comunidade Européia, surgem nos anos de 1980 e 1990 como forma de consagração e reconhecimento deste novo enfoque. É de interesse observar que este movimento não teve, até o momento, a mesma repercussão no Brasil ou na América do Sul, apesar do grande intercâmbio técnico-científico entre as duas regiões e das semelhanças quanto às conseqüências e prejuízos médicos e psicossociais causados pelo álcool.

Acreditamos que os diferentes modelos escolhidos de atenção à saúde possam explicar uma parte desta situação. O "modelo" de atenção à saúde escolhido pelo Brasil não favorece como deveria a prevenção nem os programas de saúde pública. Tampouco as nossas universidades tiveram preocupação maior com os problemas mais relevantes ("baseado em evidências") que afligem de modo preocupante nossas comunidades, como são hoje os problemas relacionados ao álcool e às drogas em geral, que envolvem de modo direto e/ou indireto toda a sociedade. Acrescente-se ainda a falta de espaço acadêmico para tratar de temas transversais (multi e transdisciplinares).

Daí ser importante, neste momento, considerar a Alcoologia e a Adictologia como prioridades na política de saúde, como vem sendo feito na Europa e nos Estados Unidos (na política interna). Portanto, em face da prevalência e relevância dos problemas relacionados ao alcoolismo e às outras drogas, incluindo o tabagismo, faz-se necessário estabelecer ações e estratégias integradas e sistêmicas. As políticas públicas que vêm sendo desenvolvidas pela Secretaria Nacional Antidrogas (SENAD) ainda dão maior destaque às drogas ilícitas, talvez pela influência da política externa americana, predominante no consenso do combate às drogas, sobretudo à cocaína da Colômbia. Vale realçar que a SENAD foi criada durante a 20ª Reunião Extraordinária da ONU, em 19 de junho de 1998, na cidade de Nova York.

A questão das outras drogas, inegavelmente causadoras de grande impacto médico e psicossocial, tem merecido a devida atenção, sobretudo, por sua relação mais direta com a violência e criminalidade (tráfico de drogas no Rio e em São Paulo, por exemplo). Todavia, o álcool está por merecer atenção semelhante, como o tabagismo tem recebido, visto o empenho de campanhas do governo contra o fumo, as quais têm obtido reconhecido sucesso.

Como veremos em outra parte deste livro, existem, no Brasil especialmente, razões suficientes para considerar a real necessidade de se discutir, pesquisar, refletir, planejar e desenvolver programas de atenção, prevenção e combate aos problemas relacionados ao alcoolismo. Neste sentido, deve-se salientar aqui o papel das universidades públicas e privadas, através dos seus programas acadêmicos, envolvendo o ensino, a pesquisa e a extensão, e, no caso dos hospitais universitários, a assistência integrada e multidisciplinar. Deste modo, as universidades tornam-se lugar privilegiado para desenvolvimento de disciplinas de cunho transversal, como a Alcoologia. A justificativa da inserção da Alcoologia no currículo dos diversos cursos pertinentes, no nível da graduação e/ou pós-graduação, se apóia no fato de ser uma disiplina que trata de tema da mais alta relevância e de prevalência indiscutível.

Alcoolismo, seus problemas ou conseqüências e prejuízos para saúde e para tantas outras diversas áreas que envolve – desde os aspectos psicossociais até os sócio-econômicos –, fazem deste uma verdadeira questão de saúde pública e que demanda ações do governo no que tange à elaboração de efetivas diretrizes de políticas públicas.

Nos últimos anos, a própria OMS, reconhecendo a abrangência do problema do álcool no mundo contemporâneo, hoje considerado a terceira maior causa de morbidade e de mortalidade, vem chamando a atenção dos governos e autoridades competentes para desenvolver estratégias integradas e multissetoriais neste combate. Daí a instituição, há pouco mais de 10 anos, do Plano Europeu de Ação Contra o Álcool (European Action Plan, on Alcohol, 1995) pela OMS e países da Comunidade Européia, como proposta de ação política integrada dentro da perspectiva da saúde pública.

No Brasil, temos justificativas e motivos suficientes para a instituição de ação semelhante à ação européia de combate ao alcoolismo em geral, que, como nos países da Comunidade Européia, responde por elevados custos para os governos e para sociedade como um todo.

Vale ressaltar que, no nível da política interna, os EUA desenvolvem há muito tempo ações e estratégias de saúde pública de grande relevância, incentivando e apoiando, inclusive, pesquisas e projetos sociais voltados para a questão dos problemas relacionados ao abuso do álcool.

Neste sentido, por exemplo, o congresso americano criou, em 2002, uma "Força Tarefa Nacional de Atenção e Prevenção da Síndrome Alcoólica Fetal" (*National Task Force on Fetal Alcohol Syndrome*) para minimizar o impacto sobre a saúde e sobre a economia.

Enfim, tornando por base o Decreto 6.117/2007, que institui a nova Política Nacional sobre o Álcool, temos a legítima oportunidade de elaborar o "Plano de Ação Brasileiro sobre o Álcool".

CAPÍTULO

3

Do Álcool e do Alcoolismo: Aspectos Histórico-culturais

A história da humanidade se escreve juntamente com a história da descoberta e do hábito de uso das bebidas alcoólicas, no tocante à evolução do próprio processo civilizatório.

Desde os tempos das cavernas, o homem da era paleolítica aparentava conhecer a bebida alcoólica, como sugerem algumas descobertas antropológicas, referindo-se a recipientes e inscrições nas paredes das cavernas com possíveis alusões ao hábito da bebida.

Na era neolítica, quando o homem detém, de certa forma, algum controle da agricultura primitiva, já com um mínimo de organização social e com a possibilidade de ter alguns animais domesticados, a bebida alcoólica aparece como produto natural desta cultura primitiva, como pode ser verificado por meio de documentos arqueológicos que atestam o domínio da produção artesanal de bebidas nas diversas regiões do norte da África e Oriente Médio. Considerando-se os dados de estudos arqueológicos, pode-se dizer que nos primórdios da nossa civilização, há cerca de 6.000 a 7.000 anos a.C., já existiam indícios de bebidas alcoólicas produzidas pelo homem, de forma artesanal.

Nos tempos do predomínio da cultura egípcia, em torno de 4.000 anos a.C., alguns documentos demonstram o uso de bebidas alcoólicas fermentadas por meio das descobertas de utensílios presentes nas tumbas de alguns faraós. No Velho Testamento da Bíblia, em Gênesis e em outras partes, existem várias citações referindo-se às bebidas como o vinho e as chamadas "bebidas fortes": "Noé planta videiras e conhece a embriaguez" (Gênesis 9:20). Assim como esta, diversas citações sobre bebidas alcoólicas podem ser encontradas nas páginas da Bíblia e de outros livros sagrados como o Alcorão, de épocas mais remotas. Este, nas suas passagens, várias vezes refere-se ao vinho como o "sangue do Senhor".

Em registros da civilização sumeriana já aparecem referências ao vinho como bebida das divindades (3.000 anos a.C.) e a videira como a "árvore da vida", integrando a bebida aos ritos religiosos, assim como aos rituais pagãos. Nestes achados existem referências ao comércio do vinho como produto de troca ou de pagamento (salário).

Na civilização egípcia, a bebida, sobretudo o vinho, faz parte de diversas cerimônias religiosas, tendo em Osíris o deus do vinho, semelhante aos deuses de outras civilizações, tais como os deuses Dionísio e Baco, da cultura grega e da romana, respectivamente. As festas no Império Romano, nas quais o abuso de álcool abriu espaço para orgias, ficaram conhecidas como "Bacanais", por deferência ao deus Baco.

Na Grécia antiga, diversas citações, desde a Odisséia de Ulisses e da Ilíada, descritas por Homero, já demonstravam que o vinho, a cerveja e a cidra eram usados tanto nos rituais religiosos destinados às divindades como nas festas pagãs populares ou da nobreza, que muitas vezes terminavam em orgias com mais ou menos violência, e nas quais o sexo, juntamente com as bebidas alcoólicas, era o ingrediente fundamental. Segundo a mitologia, numa destas festas nasceu Dionísio, filho de Zeus, que estava embriagado ao possuir a mortal Semele, a qual foi depois assassinada pela deusa Hera, ferida de ciúmes de Zeus.

Já na Idade Média, a cultura da uva se desenvolve à medida que o cultivo da terra reflete o crescimento das relações comerciais de produtos agrícolas. Conforme a região e o país, vão surgindo os diferentes tipos de vinhos e de outras bebidas fermentadas, como a cerveja e as destiladas. Deste modo, a bebida passa também a servir de marcante referência cultural e comunitária, representando, como produto nacional, valores e peculiaridades daquela região ou povoado. Símbolo da cultura com valores religiosos e sociais diversos, a bebida vai se afirmando cada vez mais como produto do comércio e das relações entre as pessoas e regiões ou nações, ao atravessar toda a Idade Média.

Os malefícios e conseqüências nocivas do abuso do álcool sempre existiram, porém sempre foram subestimados ou mesmo negados, como, aliás, ocorre, de certa forma, ainda nos dias atuais. Sem dúvida que, com o crescimento da produção, maior oferta e diminuição do preço, o consumo foi aumentando e os problemas decorrentes também. No fim desta época, pôde-se constatar uma das primeiras medidas em termos modernos de prevenção, em nível de política de saúde, quando o rei da França, François I, promulgou a lei que punia qualquer pessoa que fosse encontrada embriagada pelas ruas.

Ao entrarmos na Idade Moderna, o contínuo progresso das relações comerciais e o aumento da produção de bebidas, que contava inclusive com a contribuição dos mosteiros e abadias na produção de vinhos de alta qualidade pelos religiosos, fizeram com que o consumo se mantivesse em crescimento.

Com o advento dos avanços da era moderna nos séculos XVIII e XIX, a explosão da era industrial, com a criação da nova classe de operários e trabalhadores, além dos comerciantes, e a concentração urbana no entorno das fábricas e das usinas propiciaram um importante cenário favorecedor para o aumento do consumo de bebidas, fazendo surgir uma nova espécie de cidadãos que não bebe mais só em casa ou em aglomerações, mas sim em locais próprios (*pubs*, bares, tabernas...), que passam a integrar, de forma definitiva e progressiva, o ambiente urbano de consumo de bebidas alcoólicas.

Nos últimos anos, para aumentar o consumo de cerveja, além da forte propaganda sutil e sedutora (erotizante), produtores e comerciantes criaram "espaços" para atrair os jovens ("Universidade do Chope") e trabalhadores ("Sindicato do Chope").

Registram-se novos pontos de consumo a cada momento, como as discotecas, boates, danceterias etc. – templos modernos de dança e consumo de álcool (e de outras drogas, às vezes). Desde então, ao entrarem no século XX, a produção e o consumo de bebidas alcoólicas não têm parado de crescer.

O *boom* industrial, principalmente no pós-guerra, fez com que a tecnologia favorecesse a comunicação e a produção em massa, além dos contínuos crescimento e aglomeração urbanos, e o surgimento das metrópoles, fatores que, de uma forma ou de outra, passaram a contribuir para o significativo aumento do consumo de bebidas alcoólicas na grande maioria dos países, desenvolvidos ou não. Assim, a regra desta situação passou a ser: aumento da produção, aumento do consumo e conseqüente aumento dos problemas relacionados (doenças, violência etc.).

Foi em meados do século XIX que a idéia do alcoolismo como doença tomou a forma como hoje é vista. Magnus Huss, em 1840, propôs o termo "alcoolismo", pela primeira vez, para definir o quadro clínico resultante da intoxicação crônica pelo álcool e suas manifestações biopsicossociais.

Mais recentemente, Jellinek (1950) elaborou o conceito de "doença alcoólica" com base no "modelo médico", enquanto o modelo ético-moral ainda permanecia presente no nosso inconsciente coletivo. O conceito de alcoolismo com doença pouco mudou desde Jellinek. As manifestações neuropsiquiátricas, que sempre foram predominantes e superestimadas, deixavam perceber um resquício do modelo ético-moral, base geradora dos preconceitos e discriminações marcantes na sociedade em geral.

Nas últimas décadas, sobretudo nos países da Comunidade Européia, o conceito de alcoolismo como dependência química passou a ser considerado sob a nova ótica a partir da ênfase dada à prevenção, como vem sendo promulgado pela Alcoologia. Levando-se em conta que "dependência" refere-se a um estado clínico determinado e mais avançado, passou-se a definir a relação do álcool com as suas manifestações clínicas e psicossociais enfocando também o uso e abuso, e não só a dependência (química).

Deste modo, surge o conceito mais amplo e abrangente da nova disciplina que trata dos problemas relacionados ao uso, abuso e à dependência do álcool/bebidas alcoólicas e da relação do próprio homem com o álcool, dentro do amplo contexto biopsicossocial. Assim, além das doenças clássicas descritas dentro do âmbito médico-nosológico, situações habitualmente não relacionadas passaram a figurar dentro do cenário do alcoolismo de forma mais ampla. Acidentes de trânsito, problemas de saúde do trabalhador, síndrome alcoólica fetal (SAF), violência contra mulheres e crianças etc. passaram, deste modo, a ser considerados como manifestações efetivamente ligadas ao uso/abuso de bebidas alcoólicas, antes pouco estimadas pelo modelo que "enxergava" com maior destaque a manifestação da "dependência" com a característica "síndrome de abstinência" (*delirium tremens*, quadro clínico maior).

Nas últimas décadas, o apelo da "sociedade de consumo" para vários produtos, tais como carros, roupas, comida, modas, "valores e conceitos" (todos efêmeros ou mais ou menos duráveis – pois precisa-se colocar constantemente novos produtos no eterno mercado), fez com que as bebidas alcoólicas aparecessem entre os produtos mais presentes na publicidade. Deste modo, o álcool passou a ocupar destaque entre produtos mais consumidos em vários países.

No Brasil, o crescimento do consumo de bebidas alcoólicas, segundo dados do IBGE, levou-nos a ocupar destaque mundial, tornando-nos o quarto maior produtor e consumidor de cerveja do mundo. No que tange às bebidas destiladas, o Brasil é o maior produtor mundial de cachaça, que alcança hoje a produção de cerca de 1,5 bilhão de litros/ano.

O problema resultante do referido aumento da produção e do consumo de bebidas alcoólicas, com seus inerentes aspectos culturais, são as nefastas conseqüências decorrentes do abuso e da dependência que comprometem elevado número de pessoas de determinadas comunidades: 12,3% da população apresenta sérios problemas de saúde e/ou distúrbios psicológicos e sociais relacionados ao alcoolismo (CEBRID, 2006). Portanto, o alcoolismo como doença faz parte da história da nossa civilização de modo natural e inexorável. Cabe, todavia, procurar evitar e/ou minimizar as repercussões deletérias que contribuem para os expressivos índices de morbidade e de mortalidade, diretamente relacionados ao uso, abuso e à dependência de bebidas alcoólicas.

É importante salientar, por outro lado, o aspecto positivo das bebidas, não só pelo seu efeito relaxante e desinibidor no campo individual, como também no processo gregário da condição humana, seja nas festas ou nos rituais, seja nas reuniões, nos bares e cafés, ou nos próprios lares, junto à família. Neste sentido é pertinente ressaltar que o problema do alcoolismo está no abuso e em suas conseqüências, e não no uso social por si só.

A indústria de bebidas alcoólicas nos mais diversos países representa importante força de trabalho, sendo que, em alguns países, destaca-se como o principal produto de comércio e exportação, como ocorre na França, Portugal e Itália – no caso do vinho. No caso da cerveja, a Alemanha e o Estados Unidos e, mais recentemente, o Brasil têm neste produto um forte peso comercial. Em Portugal, a produção e distribuição do vinho empregam cerca de 10% da população.

No que tange à receita da indústria de bebidas alcoólicas, em termos de taxas e impostos relativos a produção, distribuição e comercialização, os governos destes países se beneficiam com a arrecadação de importantes recursos financeiros. Portanto, este aspecto sócio-econômico não pode deixar de ser considerado ao se discutir as ações e as estratégias de combate ao alcoolismo, a partir de perspectivas de políticas públicas nas áreas de saúde, educação, segurança, trânsito e trabalho. Levando-se em conta o contexto sócio-cultural e a complexa natureza dos problemas relacionados ao álcool nos dias de hoje, a indústria de bebidas alcoólicas ocupa uma posição não negligenciável na economia de muitos países, quer seja pela mão-de-obra empregada, quer seja pelo volume de dinheiro arrecadado aos cofres públicos, incluindo o Brasil.

Por outro lado, a dimensão dos custos do alcoolismo, medidos por meio do impacto nas diversas áreas, ultrapassa, no Brasil, a cifra de 150 bilhões de reais, ou seja, o equivalente a 7% do PIB nacional. Os gastos com o alcoolismo no Brasil são relativamente mais elevados, se comparados com os da França (1,5% do PIB) ou dos Estados Unidos (3% do PIB).

Portanto, a situação entre nós, brasileiros, é particularmente mais preocupante, uma vez que o Brasil sendo um dos maiores produtores de bebidas alcoólicas, é também, por conseguinte, um dos maiores consumidores de bebidas do mundo. Deve-se ainda levar em conta alguns aspectos agravantes no caso do Brasil, visto que, por exemplo, o consumo de cerveja dobrou nos últimos 5 anos, cabendo aos jovens e às mulheres a maior participação neste aumento. Só a produção de cerveja passa hoje dos 10 bilhões de litros/ano. Para garantir o consumo dessa produção, uma forte e competente publicidade funciona por meio da mídia, sobretudo dirigindo-se ao público jovem.

Enfim, em que pese toda a representação cultural, na qual o beber faz parte integrante dos hábitos da nossa civilização, o mercado (e sua globalização) de bebidas alcoólicas não deve ter como único e predominante viés a busca pura e simples do aumento do consumo sem considerar as conseqüências e prejuízos inerentes ao abuso e à dependência do álcool. Deste modo, é preciso considerar que a ética do comércio (mercado) não pode ser a única diretriz a prevalecer, mas sim estar submetida a valores mais amplos e abrangentes, relacionados à saúde pública e à qualidade de vida. Com relação a este ponto, a publicidade (mídia) também deve estar envolvida no que concerne à "liberdade" e aos seus limites éticos, pelo fato de fortalecer os estímulos ao consumo, com ênfase na população jovem, associado ao forte apelo aos prazeres. Em alguns países da Comunidade Européia, o controle da publicidade de bebidas está submetido ao governo.

No Brasil, uma Lei do Governo Federal de 1994 libera a propaganda de cerveja no horário "nobre" da televisão (até 22 h), com base no fato de ser a cerveja uma bebida com menor teor alcoólico (5%) em relação ao vinho (12% a 14%) e à cachaça (40% a 45%). Ocorre que, na verdade, ao se consumir qualquer uma das três bebidas, estaremos ingerindo a mesma quantidade de álcool puro, de acordo com os respectivos volumes das "doses padrão" (ver Tabela 5.1).

Portanto, não há bebida fraca, e a cerveja tem a mesma quantidade de álcool puro, ou seja, de 12 a 14 g por dose, que o vinho e a cachaça. Faz-se necessário, a partir desta consideração, rever esta Lei e as condições de livre publicidade da cerveja em nosso país. Embora para alguns a propaganda não influencie o consumo, o apelo para o mesmo é um nítido objetivo do *marketing* da indústria cervejeira, que, como qualquer indústria ou comércio, quer aumentar cada vez mais a venda. Nenhuma indústria fomenta a redução do consumo de seu produto.

Por outro lado, os gastos com a propaganda de bebidas alcoólicas, sobretudo da cerveja, são bastantes elevados para não dar resultados. Devido às belas propagandas com moças e rapazes sempre de "bem com a vida", em lugares e ambientes alegres e saudáveis, passa-se a mensagem óbvia de que consumindo aquela bebida conseguir-se-á ficar melhor. O cérebro humano é especialmente sensível às promessas de bem-estar e de felicidade, uma vez que suas experiências passadas, marcadas pelas ameaças e perigos relativos à integridade, o torna mais vulnerável e suscetível a acreditar na possibilidade de satisfação. Advertir para "beber com moderação" soa como "sincera ingenuidade" ou como "disfarçada hipocrisia", uma vez que a população-alvo é constituída maciçamente de jovens, a que mais tem contribuído com o significante aumento do consumo de bebidas alcoólicas observado nos últimos dez anos em nosso país.

CAPÍTULO

4

Da Produção e do Consumo

Nunca se produziu e se consumiu tanta bebida alcoólica como nesta última década. Vários fatores podem ser considerados, desde os psicológicos até os econômicos, além da natural e crescente inserção das bebidas alcoólicas no dia-a-dia. Sem dúvida que a transformação de bebidas como um dos principais produtos comerciais por meio da demanda estimulada por eficientes efeitos de *marketing* e publicidade, além da natural demanda, fez com que o consumo aumentasse tanto.

O ato de beber cerveja, vinho, cachaça ou uísque não significa uma ameaça imediata ao organismo, desde que a quantidade consumida esteja dentro dos limites da sua capacidade de metabolização do organismo. Como vimos anteriormente, o excesso do álcool, ao superar a capacidade de metabolização, principalmente da célula hepática, é fator de morte celular. Exceder este limite, leva o usuário a situações de risco pelo consumo nocivo.

A humanidade desde suas origens fez uso das bebidas, dentro dos respectivos contextos sociais e culturais de cada época. A Bíblia, como vários outros livros sagrados, faz diversas menções ao vinho, à "bebida forte" e à cerveja. Entretanto, nos últimos 50 anos, o consumo de álcool vem aumentando continuamente. O estresse das grandes cidades e o "abandono" do campo, fenômenos predominantes da era pós-moderna, a migração para os grandes centros urbanos e a consecutiva favelização, a propaganda e o *marketing*, contribuíram para este vertiginoso aumento do consumo. No Brasil, como vimos anteriormente, de acordo com dados recentes de censo do IBGE, publicados em 2002, a cerveja saiu do 41º lugar, entre os produtos mais vendidos no Brasil nos últimos 20 anos, para ocupar o 4º lugar. O consumo de bebidas alcoólicas aumentou em muitos países, e em alguns triplicou (países do leste europeu, por exemplo). No Brasil, a produção de cerveja dobrou no período de 1995-2006, com uma produção atual de cerca de mais de 10 bilhões de litros/ano. Atualmente somos um dos países com maior produção de cerveja (Tabela 4.1), ocupando o 4º lugar juntamente com os Estados Unidos, China e a Alemanha. A posição do Brasil só foi conseguida agora devido à recente expansão da nossa indústria, que figura entre as mais produtivas do mundo. E, pelo que se pode constatar, continuaremos na direção do aumento da produção (Tabela 4.2).

O vinho não é nosso forte, embora a produção venha aumentando bastante em decorrência da melhor qualidade e também do melhor trabalho de *marketing* que vem sendo desenvolvido. Nos últimos 10 anos, a indústria do vinho cresceu muito, mas ainda estamos longe dos grandes países produtores como França, Itália, Espanha e Portugal. A produção de vinho, no Brasil, atualmente fica em torno de 400 milhões (0,4 bilhão) de litros/ano (ver Tabela 9.2).

No que concerne aos destilados, destacando-se a cachaça como o produto nacional, o Brasil se coloca no primeiro lugar, sendo o maior produtor mundial de bebidas destilada: 1,5 bilhão de litros/ano, conforme observamos na Tabela 9.2, colocando-se à frente da China, Rússia e dos Estados Unidos.

O Brasil vem desenvolvendo a indústria de bebidas alcoólicas de modo efetivo devido à competência da nossa indústria e à estratégia de *marketing* sofisticada (e cara), para conseguir o nível de consumo almejado. É verdade que a bebida já figura na história do homem como relaxante, fator de gregarismo social e cultural, fator alimentar etc., contudo a publicidade maciça, como no caso da cerveja, goza da liberdade de horário, por uma falsa idéia de ser mais leve (teor alcoólico de 5%), tornando-se assim um arma poderosa para induzir o consumo pelos jovens.

Tabela 4.1 ■ Produção e consumo de bebidas alcoólicas no Brasil

Tipo de bebida	*Produção/ano (bilhões de litros/ano)*	*Consumo per capita*
Cerveja	> 10,0 bilhões	± 55 litros/pessoa/ano
Vinho	0,4 bilhão	2,2 litros/pessoa/ano
Cachaça (destilada)	1,5 bilhão	8,0 litros/pessoa/ano

Aumento do consumo ***per capita*** nos últimos 20 anos

ANO	CONSUMO
1985	22,3 litros/pessoas/ano
1990	36,1 litros/pessoas/ano
1995	51,3 litros/pessoas/ano
2000	49,5 litros/pessoa/ano
2007	55,3 litros/pessoa/ano

Obs: Rio de Janeiro: 98 litros/pessoa/ano, São Paulo: 68 litros/pessoa/ano.

Faturamento da indústria de cerveja no Brasil (bilhões de reais)

ANO	FATURAMENTO (%)
1997	7,8 bilhões
2000	11,2 bilhões
2003	16,5 bilhões
2007	22,0 bilhões (200%)

Obs: Faturamento mundial/ano(+): US$ 54 bilhões.
Produção mundial/ano (2006): 150 bilhões lts.

Participação no mercado brasileiro

AMBEV (INBEV)	68,3%
SCHINCARIOL	12,6%
KAISER/SOL	8,9%
PETRÓPOLIS (ITAIPAVA)	5,2%
CINTRA	1,4%
OUTRAS	3,6%

Fontes: BNDES, Alcoologia, 2003; Guia da Cerveja, 2007, Ed. Casa Dois; Revista Época nº 58, 2007; Revista Veja, nº 2009, 2007

Distribuição no mercado mundial

Europa	33%
Ásia	30%
América do Norte	21%
América Latina	11%
África e Oceania	5%

Publicidade da Indústria de Cerveja – Brasil
Ano de 2006 R$ 850 milhões/ano
"remetem ao público jovem (18 a 29 anos) maior consumidor"

Basta vermos os comerciais nos horários nobres da televisão, em que se procura associar a bebida à juventude, ao prazer (sexual, naturalmente), à saúde física (corpos modelados e bonitos), à alegria (ver as brincadeiras com bichos), ao sol e à praia (predomínio do ambiente tropical), não podendo haver melhor forma de se vender um produto. Com isso, nos últimos anos, as cidades como o Rio, São Paulo e Salvador viram surgir os pontos de chope/cerveja nos quais a idade dos clientes se situa na faixa dos 20 aos 30 anos ("Universidade, Sindicatos", do chope etc.).

Não se trata, obviamente, de coibir ou restringir o consumo de bebidas, que tem indeléveis raízes culturais, mas de se chamar a atenção e de se prevenir para o que pode advir como conseqüências nefastas e prejuízos permanentes decorrentes do abuso do álcool. Como já se falou em outra parte deste livro, a faixa da população com perfil de consumo abusivo é grande, e composta, sobretudo, por jovens, já que a faixa de dependência se restringe a 10% e aos mais velhos, conforme se observa na pirâmide do perfil do consumo de álcool de uma determinada população (Fig. 7.1). A dinâmica do comportamento adicto mostra que quanto mais cresce o número de usuários, naturalmente aumentará o número de dependentes no topo da pirâmide.

■ DO OUTRO LADO DO BALCÃO

Seria hipocrisia ou sintoma de certo radicalismo, ou mesmo crença em certos tabus, não tocarmos na questão do papel social e econômico da indústria e comércio das bebidas alcoólicas nos países onde a produção e o consumo são prevalentes.

Nos países produtores de vinho, como a França, Portugal e Espanha, por exemplo, cerca de 10% da força de trabalho está envolvida com a produção do vinho, que é um dos principais produtos de exportação. Na França, o vinho e o champagne representam forte peso na balança comercial daquele país, além de figurarem como toque de classe da sofisticada cultura do beber, referência marcante na história antiga e recente da nossa civilização, em especial na gastronomia, na qual os franceses se destacam.

O número de pessoas empregadas na produção e no comércio e também as contribuições sociais e previdenciárias (impostos, taxas etc.) não pode deixar de ser considerado dentro de um contexto mais amplo, ao se colocar em discussão os problemas relacionados ao uso, abuso e à dependência do álcool. O faturamento da indústria e comércio de bebidas alcoólicas representa significativo peso na balança comercial dos países produtores. No Brasil, estima-se que tal faturamento esteja por volta dos 20 bilhões de reais ou mais. A arrecadação de taxas e impostos (PIS, ICMS, IPI) contribuem efetivamente como recursos para os cofres públicos (Tabela 4.2).

Os números da Tabela 4.2 mostram o vigor do mercado das cervejas no Brasil. A AMBEV, hoje integrada na multinacional INBEV, representa a grande força desta indústria e a posição de vanguarda do Brasil no *ranking* mundial. Ao contrário de outros países, o Brasil está em plena curva de crescimento da produção e do consumo de álcool. Nos últimos 13 anos, dobramos o consumo de cerveja. Dentro deste contexto, a indústria de cerveja emprega mais de 40.000 pessoas diretamente, e gera mais de 120.000 empregos indiretos. A contar com outros postos de trabalhos, podemos estimar a grande força geradora de recursos representada por esta indústria. Somando os postos de trabalhos da indústria do vinho e de destilados (cachaça), constata-se o vigor da indústria de bebidas alcoólicas no Brasil. Se acrescentarmos toda a rede comercial (mais de 10 milhões de pontos de venda), o número de pessoas enganjadas é bem elevado.

Tabela 4.2 ■ Indústria de cerveja do Brasil (dados SINDCERV/2006)

Empregos:	Direto Indireto	40.000 120.000
Postos de revenda		1.500
Postos de venda		1.000.000
Impostos/Tributos		34% do preço final
Propaganda – gastos/ano		R$ 850 milhões
Faturamento/ano:	Brasil Mundo	> R$ 20 bilhões US$ 54 bilhões

Fonte: Guia da Cerveja, Ed. Casa Dois, 2007

A receita tributária, segundo a Sindcerv, originada pelos impostos e taxas (IPI, ICMS, PIS/CONFINS etc.), representa importante soma de recursos para os cofres públicos: 34% do preço final do produto. Deve-se considerar que o preço da bebida alcoólica no Brasil ainda é relativamente barato.

Embora não seja parte da linha direta da produção, a movimentação de mais de R$ 800 milhões de investimentos em publicidade representa outra contribuição importante para economia do país a cada ano (Tabela 4.2).

Portanto, dentro de uma visão realista, sem tender para utopias, o álcool faz parte da cultura humana de forma indelével e inexorável, e ocupa hoje destaque especial na vida das pessoas em geral. Assim, é necessário olhar o outro lado do balcão, no que tange às atividades ligadas a produção, distribuição e comércio das bebidas alcoólicas, levando-se em conta a relação sócio-econômica, de maior ou menor peso na economia de muitas nações, representada pela mão-de-obra empregada, pelos impostos e pelas taxas recolhidas aos cofres públicos. Tomando como exemplo Portugal ou a França, países que (o Brasil, em menor escala) tem cerca de 10% da população envolvida com a produção e comércio de vinho, sendo este um dos principais produtos de exportação, podemos avaliar assim a importância e relevância deste setor na atividade econômica.

Soma-se a isto o grande número de famílias e atividades secundárias que também se relacionam com a indústria de bebidas alcoólicas. À primeira vista, parece que estamos diante do um dilema: ou optamos pelo radicalismo de colocarmos a bebida alcoólica sob a ótica do bem e do mal, ou consideramos a eventualidade das conseqüências e prejuízos secundários ao abuso dentro de um contexto biopsicossocial determinado. Esta visão parece ter sido adotada no combate ao tabagismo, porquanto o objetivo da campanha é o "não fumar" sob qualquer hipótese, levando-se em conta a meta do ambiente sem cigarro. Contudo, parece haver "certo consenso" no que se refere ao consumo de bebida, ora pelo uso social (não-nocivo), ora pelo abuso (nocivo e prejudicial), por situações que ocorrem na dependência dos mais diversos fatores. Somos, portanto, obrigados a viver e a conviver tanto com o lado prosaico e cultural quanto com os outros diversos aspectos relativos ao consumo de bebidas alcoólicas (uso/abuso).

Isto compreende desde a cosmopolita cena de tomar um vinho ou uma cerveja nos restaurantes e bares da cidade, "um chope gelado depois da praia", até as cenas de violência nos hospitais e delegacias secundárias ao uso e abuso do álcool.

Enfim, não temos outra saída senão administrar os diversos aspectos da questão, priorizando a saúde e a "qualidade de vida" como condições necessárias para minimizar nossas "perdas e danos" e o nosso humano e inevitável mal-estar que faz parte da vida.

CAPÍTULO

5

Metabolismo e Fisiopatogenia

O álcool ou etanol (álcool etílico) é uma substância volátil, de cheiro e gosto característicos, amargo, que passou a fazer parte do nosso dia-a-dia desde os primórdios da civilização, como bebida integrante dos hábitos alimentares ou como parte de situações gregárias ou pessoais (busca do relaxamento ou do prazer); como substância psicoativa foi uma das primeiras drogas a serem usadas pelo homem e a serem instituídas como produto de referência.

Por ser uma molécula simples ($CH3 - CH2 - OH$), o álcool é altamente solúvel na água e na gordura, o que favorece sua rápida e fácil difusão no organismo após sua ingestão (difusão passiva), alcançando, através da corrente sangüínea, todos os órgãos, principalmente o fígado e o cérebro, nos quais, sua ação, devido às características biológicas, se faz mais significativa.

A absorção intestinal se dá ao nível da mucosa do estômago e jejuno no período médio de 10 a 20 minutos, variando quando a pessoa está em jejum (absorção mais rápida) ou alimentada (mais lenta). As bebidas destiladas, com teor alcoólico maior (40% a 50% de álcool), permitem uma alcoolemia maior (concentração de álcool puro no sangue) e no menor espaço de tempo.

Para uma pessoa com peso médio de 70 kg, possuindo 70% deste em forma líquida (mulher, 60%), a concentração de álcool no sangue após se ingerir uma lata de cerveja, uma taça de vinho ou uma dose de destilado (uísque, cachaça, vodka) chega a 0,2 g/litro (de álcool puro) ou 0,25 mg de álcool por litro de ar expirado no exame do bafômetro. Deste modo, se uma pessoa toma três doses de qualquer bebida (dose padrão) em jejum, sua taxa de alcoolemia será de 0,6 g/litro de álcool puro ("limite permitido" pelas leis brasileiras para condução de veículos). Algumas vezes esta taxa de alcoolemia já é suficiente para causar distúrbios neuropsíquicos e comprometer o desempenho necessário para conduzir um veículo, expondo o indivíduo à situação de alto risco de acidentes graves, muitas vezes fatais.

METABOLISMO

O álcool é metabolizado em grande parte (80%-90%) no fígado. O restante é metabolizado pelas células dos rins, dos músculos e do sistema nervoso (cérebro) principalmente, além da própria pele. Menos de 2% é eliminado sem transformação prévia pelos pulmões, rins e pela pele (ar expirado, urina e suor). Por estas vias podem-se, portanto, identificar e quantificar a presença de álcool (testes quantitativos e qualitativos), por meio de aparelhos ou testes bioquímicos.

O catabolismo do álcool se dá em duas etapas: a primeira é através da enzima álcool desidrogenase (ADH), no fígado, responsável pela degradação de cerca de 90% do volume, com formação de grande quantidade de acetaldeído, que é altamente tóxico para as células em geral. Nesta fase, quando o sistema ADH é insuficiente, entram em ação dois outros sistemas (auxiliares) para taxa de alcoolemia superior a 1,0 g/litro: o sistema de oxidação microssômico do etanol (SOME), que envolve a citocromo oxidase P450 (Cyt P450 II E 1), e o sistema de radicais livres, através da NADPH-citocromo redutase (Fig. 5.1). A segunda etapa constitui-se no catabolismo do acetaldeído em acetato, através da enzima acetaldeído desidrogenase (Acet-DH).

O fenômeno da tolerância (metabólica) pode ser explicado por meio da adaptação do metabolismo ao utilizar os sistemas auxiliares para impedir o excesso de acetaldeído, cujo efeito cito-

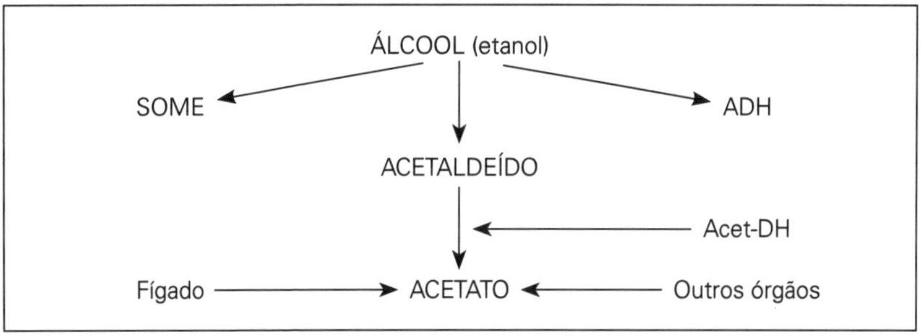

Figura 5.1 ■ Metabolismo do álcool.

tóxico é fatal para as células, dependente da dose e da freqüência. À medida que o indivíduo usa os mecanismos adaptativos, ele passa a necessitar de doses maiores do álcool para atingir os efeitos desejados (sistema de recompensa).

Diversos fatores internos (biológicos e genéticos), assim como externos (psicológicos, sociais, outros medicamentos, alimentação), podem influenciar o maior ou menor grau de tolerância.

Pelos mesmos mecanismos metabólicos pode-se compreender a questão da síndrome de abstinência, em face de ocasional falta do álcool dentro do metabolismo já adaptado a uma alcoolemia cronicamente elevada. A sintomatologia decorrente da "falta" surge, então, devido ao distúrbio metabólico gerado, mas já adaptado pelo sistema celular.

■ CONSEQÜÊNCIAS TÓXICAS DO ÁLCOOL SOBRE AS CÉLULAS

O próprio etanol (livre circulante), além do acetaldeído, tem ação tóxica direta sobre as células, em particular sobre os hepatócitos e sobre os neurônios, agindo sobre as mitocôndrias (cadeia respiratória), retículo endoplasmático, sistema microtubular, ciclo oxidativo de Krebs, e sobre as membranas com seus canais iônicos (Na, K) e canais voltagem-dependentes (receptores de membrana/Ca^{+}).

O etanol, do ponto de vista farmacológico, é um depressor do metabolismo celular, cujo efeito pode variar desde a leve alteração metabólica reversível até a morte celular, mecanismo este visto como forma de "apoptose tóxica".

É interessante observar certos aspectos biológicos/bioquímicos do álcool pouco considerados. O álcool, por ser uma substância que se mistura com a água e com a gordura, atravessa a membrana plasmática das células (membrana lipoprotéica) com relativa facilidade e de forma passiva (ou não-ativa), isto é, não se submete a um "canal de entrada" ou a um determinado "receptor de membrana". O álcool etílico das bebidas alcoólicas, presente nas mais diversas espécies de vegetais, mais em uns do que em outros, entra nas células quase como água, mais facilmente do que a própria glicose que precisa da intermediação da insulina, o que constitui a questão central do diabetes: a falta de insulina faz com que a glicose não seja aproveitada ou metabolizada pela maquinaria citoplasmática (intracelular). Parece, portanto, ser mais fácil para o álcool do que para a glicose, entrar nas células do organismo.

Outro aspecto interessante é o fato de a molécula de dois carbonos do álcool (C_2, H_5, OH) ser processada no ciclo Krebs, normalmente utilizado para o metabolismo aeróbico da glicose, que usa oxigênio fornecido pela via respiratória da célula (mitocôndria). No ciclo de Krebs, a queima da glicose se dá quando esta é decomposta em moléculas de dois carbonos, para que entrem no processo oxidativo como acetilcoezima A, e assim no final do ciclo, resultar em energia (ATP*), água e gás carbônico, além dos resíduos em forma de radicais livres, que serão tratados (quelados ou neutralizados) pelos recursos bioquímicos, presentes no próprio citoplasma, que consomem sua cota de energia.

O curioso é que a molécula do álcool, com seus dois carbonos (C_2, H_5, OH), já chega nos moldes para ser processada pela cadeia oxidativa de Kerbs, e, no final, o resultado é quase o mesmo: energia (E), água (H_2O), gás carbônico (CO_2) e resíduos em forma de radicais livres (RL^+), como pode ser visto na Fig. 5.2. A grande diferença é no que concerne a relação custo/benefício da

*Molécula de Adenosina Tri-Fosfato.

produção de energia (E) relativa às duas moléculas: enquanto a glicose produz cerca de 40 moléculas de ATP, o álcool produz em torno de oito moléculas, com os mesmos gastos para a produção do trabalho energético. A relação de prejuízo é de 1 para 5, ou seja, o álcool gasta cinco vezes mais energia para produzir o mesmo resultado da glicose.

É importante esta consideração para que se entenda as manifestações clínicas do alcoolismo crônico caracterizado pala *falência degenerativa* (metabólica) das unidades celulares e respectivos órgãos que vai se constituir ao cabo dos anos de abuso do álcool. A expressão clínica das manifestações de um paciente já fala por si só, quando se atenta para o aspecto de degradação física e metabólica da pessoa; o aspecto de aparentar ser bem mais velho do que realmente é faz parte da simples observação clínica. Existe de fato um processo de anos de degradação metabólica, resultante do prejuízo energético (8 ATP/molécula de álcool) acumulado, que leva a uma *verdadeira falência orgânica* e também psicossocial, como conseqüência direta do abuso de bebidas alcoólicas, qualquer que seja o teor alcoólico (cerveja, vinho, cachaça, uísque, vodca), ao longo do tempo. Portanto, é bastante pertinente, ao nosso ver, considerar no alcoolismo crônico o quadro clínico de "falência múltipla dos órgãos (FMO) pelo álcool como uma entidade nosológica autônoma e responsável por prevalente (e relevante) condição de morbidade e mortalidade no contexto de saúde pública.

O diagnóstico de FMO é, em geral, feito em situações mais avançadas como fator de mortalidade pela ação sistêmica de vários processos orgânicos que resultam, então, na condição terminal, quando vários órgãos entram em insuficiência funcional-metabólica, levando o paciente ao óbito. Daí ser hoje um diagnóstico que se tornou mais comum com o advento dos Centros de Tratamento Intensivo (CTIs) nas últimas décadas.

No caso do alcoolismo crônico, nos dependentes ou nos abusadores freqüentes das bebidas alcoólicas, o processo se dá de forma lenta e cumulativa, ao longo dos anos, até chegar no nível das insuficiências dos órgãos, sobretudo, fígado, coração, cérebro e sistema nervoso periférico, pâncreas, aparelho digestivo, sistema órgãos endócrinos, e outros menos afetados ou não, associado, de modo mais ou menos intenso, com a desnutrição crônica comum nestes casos. A experiência clínica acumulada com mais ênfase nos últimos anos, permite, hoje, propor o diagnóstico de FMO por alcoolismo crônico em casos pré-terminais ou terminais, associados ou não a outras patologias, como uma nova entidade clínica. Assim a FMO devido ao álcool, soma-se aos outros problemas relacionados ao uso/abuso do álcool, ainda subestimados pela medicina convencional e pela acadêmica, incluindo o próprio Ministério da Saúde, acumulando evidências para demonstrar o *verdadeiro impacto* das bebidas alcoólicas na saúde.

A própria OMS, acaba de reconhecer no alcoolismo a terceira condição de morbidade e mortalidade, depois das doenças do sistema cardiovascular e das doenças ligadas às neoplasias. O Brasil está plenamente inserido neste contexto, com a agravante para o futuro próximo: somos o terceiro maior produtor mundial de cervejas e o primeiro produtor mundial de destilados (cachaça), e, por conseguinte, um dos mais destacados consumidores, sobretudo, envolvendo os segmentos de jovens e de mulheres, alvos das fortes propagandas estimuladoras do consumo que aumenta a cada ano. Uma simples advertência: a indústria de bebidas alcoólicas reconhece o Brasil como um grande e promissor mercado em potencial a ser explorado e para ganhar muito dinheiro, como já se constatou com a indústria de cerveja que, praticamente, triplicou o seu faturamento no Brasil nos últimos 10 anos, passando de R$ 7,8 bilhões para R$ 22 bilhões em 2006. O Ministério da Saúde precisa atentar para isso e se preparar para o atendimento de mais pacientes.

Pelos processos anteriormente descritos, pode-se imaginar que quando o organismo (o fígado, principalmente) não consegue metabolizar o volume de álcool em excesso, as células tornam-se vulneráveis e sofrem a ação tóxica que as levam à morte por meio de um processo tóxico progressivo. Nestas circunstâncias, a ação tóxica do álcool (em excesso) promove importante redução do líquido intracelular, levando à desidratação celular, representada pelo encolhimento do tecido ou órgão (*shrinking*) e constatada pela observação a olho nu de uma "pseudo-atrofia" subjacente à

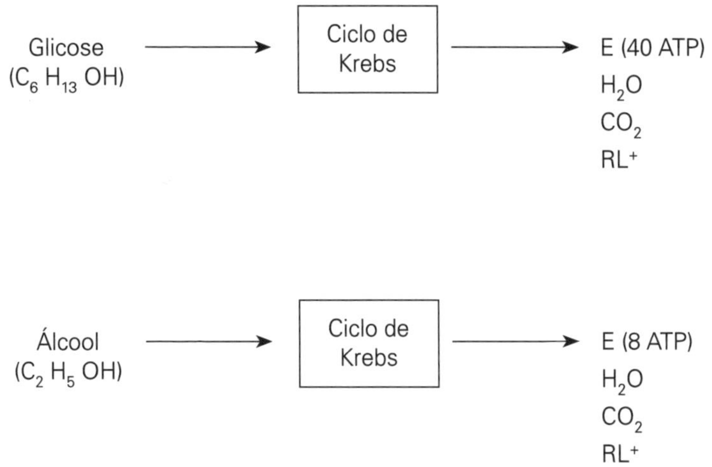

E: energia; H_2O: água; CO_2: gás carbônico; RL^+: radicais livres; ATP: adenosina trifosfato.

Figura 5.2 ■ Metabolismo oxidativo da glicose e do álcool e respectiva produção de energia (moléculas de ATP).

atrofia verdadeira – esta indelével. Esta "pseudo-atrofia", que se deve ao efeito desidratante, sobretudo no cérebro, deu margem à impressão de "reversibilidade" da atrofia cerebral no alcoolismo crônico, quando, na verdade, tal "reversibilidade" era devida à reidratação natural quando da suspensão da bebida na fase de abstinência. Este fenômeno clínico, conhecido como *shrinking*", ficou evidente com o advento dos estudos pela tomografia computadorizada do cérebro (TCC) no final dos anos de 1970 e, mais tarde, pela utilização da ressonância nuclear magnética (RNM) nos anos de 1980 (LIMA, 1981).

A ação tóxica do álcool sobre as células em geral e sobre os neurônios cerebrais em particular, corresponde ao mecanismo do tipo apoptose, condizente com a morte celular devido ao processo "degenerativo" tóxico, lento e progressivo. Ao lado desta ação desenvolve-se, em paralelo, o processo de desidratação, que colabora com o processo degenerativo, levando à morte celular progressiva e, com isso, ao "despovoamento neuronal", conforme observado pelo exame de microscopia óptica de fragmentos corticais, sobretudo do lobo frontal. Neste sentido, cabe aqui reparar o fato da rápida melhora clínica e neurocognitiva observada quando da suspensão da bebida desde que o paciente não esteja com lesões muito graves (falência crônica de órgãos). A suspensão do uso do álcool, em pouco tempo permite o retorno do metabolismo celular aos níveis normais, ou próximo destes, daquelas células parcialmentes comprometidas.

Como a experiência clínica tem mostrado, vale lembrar que é sempre tempo de parar com o uso abusivo do álcool e que sempre haverá alguma melhora, a depender da situação do organismo como um todo.

Portanto, diante dos conhecimentos da fisiopatologia e do metabolismo do álcool, pode-se dizer – como na Bíblia – com toda propriedade que, no alcoolismo, "...todo excesso é pecado, e o preço do pecado é a morte".

TEOR ALCOÓLICO E ALCOOLEMIA: RELAÇÃO POUCO CONHECIDA

É pouco conhecida ou divulgada a noção do verdadeiro "teor alcoólico" das bebidas e a "taxa de álcool puro" de cada bebida que consumimos, como cerveja ou vinho (bebidas fermentadas) ou uma dose de cachaça ou uísque (bebidas destiladas). A taxa de álcool no sangue (alcoolemia) varia com diversos fatores que influenciam a dinâmica do metabolismo e o próprio catabolismo (eliminação) do álcool pelo organismo.

Alimentação, velocidade e freqüência do consumo, nível de tolerância (adaptação do organismo a doses crescentes), predisposição biológica (constituição geneticamente determinada), peso corporal, entre outros fatores, influenciam a absorção e metabolização do álcool. A noção de que, em qualquer bebida alcoólica, a quantidade de "álcool puro" ingerida é quase a mesma, ou seja, 10 a 14 gramas de álcool por dose padrão, é pouco divulgada ou mesmo pouco conhecida, em face da idéia, por exemplo, de que a cerveja seria uma "bebida leve", apresentando menos álcool puro (Tabela 5.1).

A dose padrão representa a quantidade em volume (ml) de bebida conforme seu teor alcoólico, medido em %. Deste modo, a dose padrão da cerveja ou um copo de chope é de 300 ml; uma dose de vinho ou uma taça, é de mais ou menos 150 ml; e a de cachaça ou uísque (bebidas destiladas) é de 40 ml, com pequenas variações (geralmente para mais!). A quantidade de cada bebida no que tange à "dose padrão", tem correspondência com a concentração de álcool característica de cada espécie de bebida, ou seja, cerveja, 5% de teor alcoólico/volume; vinho, de 12% a 14%, e cachaça/uísque, de 45% a 50% de álcool puro por volume, conforme podemos ver na Tabela 5.1)

É importante, portanto, observar que qualquer bebida contém a mesma quantidade de álcool puro por dose padrão, e, sob este ângulo, não existe "bebida fraca", como se classifica habitualmente a cerveja em relação ao vinho e a cachaça/uísque. Ao beber um copo de 300 ml ou uma "latinha" (300/350 ml) de cerveja, estaremos ingerindo a mesma quantidade de álcool puro (12 g) e alcançando 0,2 g/l de sangue (alcoolemia) ou 0,250 mg de álcool por litro expirado (bafômetro).

Tabela 5.1 ■ Dose padrão de bebidas alcóolicas/quantidade de álcool puro (%)

Tipos de bebidas	*Teor alcóolico (%)*	*Dose padrão (vol/ml)*	*Quant. de álcool puro/dose padrão*	*Taxa de álcool no sangue (alcoolemia)*	*Taxa de álcool/ar respirado*
Cerveja	5%	300 ml	12 g	0,2 g/l	0,25 mg/l
Vinho	12%	150 ml	14 g	0,2 g/l	0,25 mg/l
Cachaça ou uísque	40%	40 ml	13 g	0,2 g/l	0,25 mg/l

Esta observação é de grande importância pelos seguintes motivos:

- Quando se bebe cerveja, geralmente se toma duas, três ou mais, sobretudo em um país tropical como o Brasil, com verão prolongado, muito sol e praia durante o ano inteiro.
- O segmento da população que mais consome cerveja é o jovem, para quem a publicidade se dirige fortemente, reforçada por grande apelo de erotismo e associada aos eventos culturais e esportivos.
- A forte publicidade veiculada de forma maciça, associada a juventude, alegria e prazer, tem "permissão" oficial (do governo) para ser transmitida no horário nobre da televisão e do rádio, além de outros veículos da mídia, por ser considerada "bebida leve", e que, no entanto, tem a mesma quantidade de álcool puro por dose padrão.
- Em decorrência do aumento da produção, que fez com que duplicasse o consumo de bebidas (sobretudo pelos jovens) e ao fácil acesso representado pelo grande número de lugares especiais que surgiram com nomes sugestivos (sindicatos, universidades, institutos, academias etc. do chope ou da cachaça), os problemas relacionados ao uso e abuso de álcool tendem, naturalmente, a aumentar e a favorecer a dependência alguns anos depois.

Portanto, diante do quadro descrito, considerando que a cerveja, tida como "bebida leve", contém a mesma quantidade de "álcool puro" e que como é consumida (por ser "leve") em maior quantidade, principalmente pelos nossos jovens, fica claro que é preciso prevenir, por meio da informação e educação, para que se minimizem as conseqüências e/ou prejuízos bem conhecidos do abuso do álcool, como por exemplo, acidentes no fim de semana, violência urbana etc.

Outro aspecto preocupante é o fato de se saber que com 0,6 g/l de alcoolemia já se verifica um aumento significativo do número de acidentes, como tem sido demonstrado na crônica diária. Nesta concentração, o álcool já provoca no cérebro alterações neuroquímicas e funcionais, como veremos em outro capítulo, suficientes para possíveis mudanças de comportamento facilitadoras da violência e outras conseqüências. Neste contexto, podemos apontar para eventos violentos como as agressões promovidas por jovens nas saídas das festas, das boates ou de reuniões em que houve abuso de álcool. Exemplos existem de sobra nos noticiários da mídia.

Podemos acreditar que nos eventos violentos, em que o álcool atua como fator facilitador ou desencadeador efetivo (acidentes de trânsito, agressões ou brigas de grupos ou "gangues", homicídios, acidentes domésticos e de trabalho), a alcoolemia não precisa ser tão alta, uma vez que, levando-se em conta características de personalidade e de cultura, a supressão da ação inibidora do lobo frontal, provocada pelo álcool, pode ocorrer com doses menores. Estudos recentes, que precisam ser mais aprofundados, apontam na direção da observação clínica já relatada.

CAPÍTULO

6

O Álcool e o Cérebro: Bases Neurobiológicas

O álcool está presente na vida do ser humano desde os primórdios da civilização, quando possivelmente passou a fazer parte da vida. Com o desenvolvimento da própria civilização, o ato de beber e as bebidas alcoólicas vieram se sofisticando e ganhando diversas apresentações e representações sociais e culturais. Portanto, as diversas bebidas alcoólicas, quer sejam as fermentadas (vinho, cerveja), quer sejam as destiladas (uísque, cachaça, vodca etc.), vieram se integrando ao próprio contexto social e cultural, e entre alguns povos a relação tornou-se maior do que entre outros. Hoje, na maior parte dos países, o álcool faz parte do dia-a-dia, da vida urbana e da vida rural, dos eventos e rituais religiosos ou pagãos.

Ocorre que a relação entre o indivíduo e a bebida se faz de formas diferentes, de acordo com fatores e determinantes biopsicossociais. O uso dito social (não problemático, *a priori*) está estabelecido em nossa cultura de forma natural. A questão que suscita a preocupação de todos reside no *abuso*, e posteriormente na *dependência*, que vem a surgir em uma pequena, porém significativa parte dos indivíduos. Neste aspecto, o excesso do etanol no sangue, acima da quantidade que o organismo de cada pessoa possa metabolizar, provocará perturbações que levam à depressão celular ou redução de atividade metabólica primária da célula (metabolismo oxidativo);

sua ação sobre os neurônios do cérebro se faz marcante em decorrência do que poderíamos chamar de maior vulnerabilidade celular. Com relação a este aspecto, no próprio cérebro identificam-se diversas populações neuronais com "graus diferentes" de vulnerabilidade.

Por exemplo, os neurônios do lobo frontal, por serem mais recentes na escala evolutiva (neocórtex) e por terem maior grau de especificidade funcional, tornam-se mais vulneráveis do que outras populações de neurônios de "centros" mais antigos (paleo). Assim, o álcool, ao "deprimir" as atividades celulares, o faz de modo diferente, seguindo uma ordem hierarquizada dentro do próprio processo evolutivo do sistema nervoso ou do cérebro, ao longo dos milhões de anos, desde que a vida surgiu em nosso planeta (sentido cefalocaudal). Darwin, em sua obra sobre a evolução das espécies, e Jacques Monod, com seu conceito sobre o "acaso e necessidade", defendem argumentos que sustentam e completam a hipótese da vulnerabilidade seletiva, no sentido de se compreender melhor estes complexos mecanismos.

■ O ÁLCOOL E O PRAZER

O álcool, como substância psicoativa que é, atuando no cérebro, exerce a função depressora como faz com qualquer órgão. Por serem mais suscetíveis e vulneráveis, os neurônios do lobo frontal, "deprimidos" em face da redução da atividade metabólica por ação direta do álcool, deixam estruturas da região mesencefálica e diencefálica (sistema límbico/circuito de Papez, hipocampo, amígdala, núcleos *accumbens*, neurônios da região do tegmento ventral) "desinibidas"ou "desreprimidas". Esta "supressão" da inibição seletiva do lobo frontal ocorre como expressão do efeito das primeiras doses de álcool, que promovem a sensação inicial de prazer ou satisfação e de relaxamento como efeito positivo (reforço positivo) (Tabela 6.1).

Nesse sentido, do ponto de vista clínico-comportamental, as pessoas relatam sensações de relaxamento, tranqüilização, além da facilitação de certos comportamentos, instintivos ou não, inscritos no nível dessas estruturas subcorticais e corticais; tais sensações guardam relação com comportamentos aprendidos ou experimentados no curso dos primeiros anos da vida e com a inerente carga emocional associada. Com o uso de doses maiores, o álcool provoca depressão em populações neuronais integrantes dos núcleos das áreas meso e diencefálica (sistema mesolímbico), prejudicando os circuitos inerentes a estas estruturas.

O que se busca com o uso das bebidas alcoólicas, de início, é o efeito relaxante e prazeroso e até mesmo entorpecente, resultante de pequenas doses, ou mesmo de doses maiores.

Doses maiores e mais freqüentes, com efeito citotóxico progressivo, estão relacionadas ao abuso e dependência e às suas conseqüências. Esse efeito tipo "veneno", com o tempo, leva milhões de neurônios à morte devido à "citotoxidade" (efeito citotóxico letal). Ao longo de vários anos, dependendo de diversos fatores biológicos, a quantidade de massa neuronal perdida (morte celular/apoptose) é representada, no alcoolis-

Tabela 6.1 ■ Álcool e prazer *versus* modelo do reforço positivo

Álcool consumido por seus efeitos positivos (uso)
▼
Repetição do consumo (repete os efeitos anteriores)
▼
Tolerância (adaptação/necessidade de doses maiores)
▼
Aprendizagem, memorização, reforço POSITIVO
▼
Dependência (alterações metabólicas e funcionais)
▼
Ausência do álcool (mal-estar e sintomas de abstinência)
▼
Síndrome de abstinência/*delirium tremens*

mo crônico, pela atrofia cerebral tipo córtico-subcortical, naturalmente acompanhada de maior ou menor intensidade do quadro de déficit neurocognitivo e/ou distúrbio comportamental. O mecanismo neuropsicológico desta evolução pode ser representado pelo que se conceitua de sistema de recompensa.

A estreita correlação clínica pode variar um pouco na sua expressão devido às variações das manifestações clínicos-comportamentais de um caso para outro. A relação entre a quantidade de álcool e os distúrbios clínicos mais comuns, considerando também o grau de sensibilidade de cada pessoa, além dos fatores psicossociais (Tabela 6.2), é relativamente variável.

Vê-se, desta forma, a direção cefalocaudal do efeito depressor progressivo do álcool sobre todo o cérebro, indo desde as áreas corticais mais sensíveis, como o lobo frontal, até atingir estruturas mais profundas (e antigas), localizadas no tronco cerebral (estruturas mesodiencefálicas), como, por exemplo, os centros cardiorrespiratórios. Estes, sob intensa ação do álcool, podem induzir parada cardiorrespiratória, coma e morte. Neste sentido, casos de intoxicações alcoólicas agudas podem ocorrer em algumas comemorações exageradas (comemorações, "chopadas" dos calouros etc.) e podem levar à morte, direta ou indiretamente, por convulsão, seguida de aspiração de secreção (asfixia, afoga-

Tabela 6.2 ■ Correlação clínica: concentração de álcool no sangue e manifestações neurocognitivas e comportamentais

Quantidade de álcool no sangue (alcoolemia)	*Manifestações neurocognitivas e comportamentais (de acordo com sensibilidade)*
0,4 – 0,6 g/l	Relaxamento, sociabilidade, desconcentração
0,6 – 1,0 g/l	Euforia, desinibição, habilidade variável, impulsividade, agressividade ou passividade
1,0 – 2,0 g/l	Incoordenação (ataxia), fala comprometida, humor exaltado ou deprimido, desorientação de tempo/espaço
> 4,0 g/l	Torpor, distúrbios cardiorrespiratórios, coma e morte

mento etc.) ou em outras situações de risco, cuja relação com a bebida alcoólica não tem sido merecedora de maior atenção (acidentes pessoais, de trânsito, doméstico, comportamento violento etc.).

A longo prazo, com o passar do tempo, o álcool, mediante tolerância progressiva, faz com que o indivíduo precise de doses cada vez maiores para obter o mesmo efeito. Do ponto de vista celular, isto pode significar que a simples molécula do álcool esteja provocando rearrumações nas membranas neuronais compatíveis com os níveis alterados dos neurotransmissores, no sentido de manter a homeostase neurofisiológica, sob o inerente equilíbrio instável das membranas neuronais. Diante dessas mudanças e readaptações das concentrações dos neurotransmissores (dopamina, acetilcolina, ácido gama-aminobutírico [GABA], glutamato, serotonina etc.), em diversos núcleos ou circuitos neuronais, estabelecer-se-á, em face da presença do etanol, um novo equilíbrio instável, o qual se romperá no momento em que este mesmo etanol faltar.

Neste momento, diversas reações neurocomportamentais, tais como, tremor, taquicardia, ansiedade, agitação etc., começarão a ocorrer se não houver ingestão de álcool para suprir a falta. Alucinações, confusão mental e agitação poderão surgir com o agravamento do quadro, chegando muitas vezes à crise convulsiva como expressão de elevada excitabilidade neuronal e como conseqüência do desequilíbrio das ações dos diversos neurotransmissores sobre as membranas dos neurônios vulneráveis. A contraprova da ação do etanol se demonstra pela "regularização" do quadro com a ingestão de quantidade suficiente de álcool e/ou medicamentos tranqüilizantes com efeito estabilizador da membrana. Deve-se lembrar, neste sentido, daquela "típica dose" que o alcoolista consome pela manhã a fim de suprir o tremor das mãos que o impede de assinar o próprio nome ou de segurar uma xícara de café.

Sob outro ângulo, podemos considerar a ação do álcool, em longo prazo, como agente neurotóxico, lento, progressivo e fatal, que leva à morte neuronal (apoptose), envolvendo também as células gliais (muitas vezes esquecidas por não serem tão nobres). Com o passar dos anos, milhões de células vão desaparecendo lentamente, acarretando, em diversos níveis do cérebro, o despovoamento neuronal, substrato neuronatomopatológico da atrofia cortical e subcortical verificada comumente nos exames de tomografia computadorizada (TC) e de ressonância nuclear magnética (RNM).

O quadro clínico aqui pode se apresentar de modo diferente pela influência de vários fatores biopsicossociais. Contudo, o déficit cognitivo (atenção, memória, orientação temporoespacial, iniciativa etc.) estará presente e verificável pelos exames clínicos e testes neuropsicológicos.

Deve-se chamar a atenção para a questão do momento do início de tais deficiências, uma vez que fica difícil identificar os sinais precoces ou subclínicos do quadro de redução do desempenho mental. Talvez, nos trabalhadores, a queda da produtividade e/ou falhas ou acidentes de trabalho, assim como nos jovens, a queda do rendimento escolar, dificuldades de adaptação, déficit de atenção e de memória, podem ser manifestações "precoces" da ação do álcool sobre o cérebro.

Outro aspecto importante a ser considerado refere-se ao fato de pessoas, cujo consumo alcoólico habitualmente considerado como de uso social, terem problemas ou distúrbios neurocognitivos ou comportamentais, muitas vezes confundidos com problemas de ordem emocional. A demência alcoólica, algumas vezes lembrando a demência sifilítica ou a vascular (senil), instala-se já em fases mais avançadas, conforme a intensidade de consumo, podendo ser observada em etapas relativamente precoces.

A atrofia cerebral do alcoolismo crônico é relativamente comum. Relatada em diversos artigos publicados, ocorre em cerca de 70% dos casos configurados de *delirium tremens*. Pacientes com vários episódios de crises convulsivas, distúrbios mentais evidentes, geralmente com várias internações em hospitais psiquiátricos, são prováveis portadores de atrofia cerebral (Lima, 1981).

Pode-se, assim, considerar o álcool como principal fator etiológico das atrofias cerebrais (corticais) observadas no adulto.

PSEUDO-REVERSIBILIDADE DA ATROFIA CEREBRAL

A impressão que muitos médicos tiveram, no que tange à aparente reversibilidade da atrofia cerebral observada nos exames de TC, decorreu da ação desidratante do álcool sobre os próprios neurônios e, principalmente, sobre as células gliais mais vulneráveis à perda de líquido. Esta era a base do mecanismo conhecido então como *shrunk* "murchamento", este sim reversível. O álcool funciona como desidratante celular, daí o uso do formol para conservar os cadáveres e nas preparações de histologia, em que o ressecamento/desidratação é fundamental.

Por outro lado, como os neurônios também sofrem com a perda de líquido intracelular antes de morrerem, a suspensão do uso da bebida favorece efetiva recuperação dos neurônios ainda viáveis. Sabe-se que a célula nervosa ou o tecido nervoso não se regeneram. Com a abstinência, o indivíduo logo melhora os seus escores nos testes, devido à suspensão pura e simples do consumo do agente tóxico e ao retorno ao estado metabólico anterior. A depender do grau de comprometimento celular, a recuperação poderá ser maior ou menor, no que concerne ao desempenho neurocognitivo e comportamental. Assim, compreende-se que sempre ocorrem déficits de maior ou menor expressão clínica comportamental, e a idade funciona como importante fator negativo no prognóstico destes pacientes, sendo a demência alcoólica um exemplo efetivo desta situação nos casos do abuso prolongado de bebida alcoólica. Hoje, o abuso de álcool é considerado a principal causa de atrofia cerebral no adulto.

Deste modo, além das lesões neurotóxicas do álcool responsáveis pela morte celular (despovoamento celular), o efeito desidratante sobre os neurônios e células gliais irá contribuir, significativamente, para a redução do volume do cérebro como um todo. A primeira impressão nos exames de TC ou de RNM é de atrofia cortical/subcortical simples. Nos exames subseqüentes (de controle) após 6 meses ou 1 ano de abstinência, estes exames mostrarão relativa diminuição do grau ou intensidade da "atrofia cerebral" visto anteriormente; a "reidratação" de neurônios e de células gliais explica assim a relativa redução da intensidade da atrofia.

A base neuropatológica da real atrofia córtico-subcortical, resultado do processo tóxico-degenerativo letal do álcool, reside na perda efetiva da população neuronal e glial.

■ DEPENDÊNCIA QUÍMICA, UMA DOENÇA CEREBRAL

Esta colocação vem sendo cada vez mais consensual nos últimos 10 anos, em face dos novos conhecimentos trazidos pelas recentes descobertas científicas no campo das neurociências. Não que antes dessas contribuições não considerássemos o cérebro como sítio principal da ação das drogas, mas porque pouco se sabia sobre o assunto há três décadas. Deste modo, Leshner coloca esta constatação no seu artigo publicado na revista "Science", de outubro de 1997, com o título *Addiction is a Brain Disease, and it Matters*" (Science, vol. 278 – October, 1997), chamando a atenção para como as drogas atuam em geral sobre o cérebro e suas repercussões. Com base nas recentes e importantes contribuições da ciência do cérebro, tem sido possível compreender os mecanismos neurais pelos quais o homem estabelece suas relações com as drogas em geral e seus efeitos.

Não se pretende com isso reduzir a complexa questão dos "Problemas Relacionados ao Uso, Abuso e Dependência do Álcool e Outras Drogas" (PRAD) ou a própria dependência química (DQ), ao nível do cérebro ou do sistema nervoso central (SNC). Os aspectos psicossociais no nível das relações inter e intrapessoais são de fundamental significado na compreensão do problema das drogas e de sua natural complexidade. Contudo, para melhor entender a natureza pela qual as pessoas estabelecem relações especiais com as substâncias psicoativas, suas motivações e a dependência (física e psicológica), os recentes estudos têm sido indispensáveis para se alcançar, neste campo de "ciência das drogas", melhor entendimento das novas fronteiras do estudo do comportamento humano e seu contexto biopsicossocial.

Embora cada tipo de droga (álcool, tabaco, maconha, cocaína, heroína, anfetamina etc.) atue por mecanismos peculiares, mais ou menos semelhantes, os efeitos ou conseqüências nefastas possuem aspectos comuns no que tange ao processo neuroquímico e neurofisiológico (e também neuroanatômico). Neste sentido, algumas estruturas da região central do cérebro e lobo frontal, não deixando de considerar que todo o cérebro participa do mecanismo, estão na base deste processo. Assim é que o sistema mesocórtico-límbico (SMCL), através do chamado "sistema de recompensa" (SR), se encontra em posição de destaque no "mecanismo fisiológico" das relações do homem com as drogas.

A busca de "recompensa" oferecida pelas substâncias psicoativas (drogas), favorecendo o prazer ou o alívio do desprazer, e situações de satisfação buscadas nas experiências cotidianas do "nosso mal-estar", constituem a base original da patogenia psicossocial dos problemas das drogas. Neste sentido, em face da demanda efetiva, o álcool e o cigarro se apresentam como produtos mais fáceis e disponíveis da nossa cultura. Naturalmente, outros inúmeros fatores sociais e culturais (econômicos) interferem no cenário, modificando aqui e ali as diversas relações do indivíduo com o mundo da dependência química, com suas naturais conseqüências e prejuízos.

Considerando o chamado "circuito da recompensa", no qual a interação por meio dos neurotransmissores excitatórios (dopamina, glutamato) e/ou inibitórios (ácido gama-aminobutírico [GABA], serotonina, endorfinas), as estruturas e circuitos do lobo frontal (pré-frontal) e da área mesolímbica e núcleos vizinhos (sistema límbico, envolvendo amídalas, núcleo *accumbens*, área tegmental ventral, hipocampo etc.) interagem de forma dinâmica e compensatória na busca da minimização do chamado "mal-estar", que pode ser a expressão inespecífica de situações ameaçadoras conscientes (conhecidas) ou inconscientes (medos, angústia, culpas etc.). Tais situações atuariam nestes circuitos cerebrais relacionados direta e/ou indiretamente com situações da vida de relações com o próprio eu ou com o meio ambiente (mundo).

De modo esquemático, podemos observar, na Fig. 6.1, a representação do chamado "circuito de recompensa" (circuito do prazer), no qual as estruturas-chave estão colocadas de modo interligado, por circuitos reverberativos (*feedback*) mediados por neurotransmissores excitatórios e/ou inibitórios. Devemos chamar a atenção para o fato de que o nosso cérebro na verdade atua de forma reverberativa por meio de milhões de circuitos neuronais dinâmicos e aleatórios (espontâneos ou ao "acaso"), simultâneos e difusos, porém orientados basicamente para a missão primária inerente do indivíduo, ou seja, a preservação "física e psíquica" e a preservação da espécie (evolução darwiniana).

Vale destacar aqui outro fato importante, que se refere à natureza das situações originais ligadas à procura do álcool e outras drogas, ou seja, a busca do prazer ou da satisfação, ou a fuga do desprazer ou da insatisfação, vistas como situações de valores semelhantes com objetivos "únicos" da preservação. Obedecendo aos instintos básicos ou inatos inerentes aos animais, sobretudo aos mamíferos como o homem, e às suas complexas relações consigo mesmo e com seu meio ambiente, o sistema mesocórtico-límbico exerce papel de grande importância.

No que concerne ao álcool, a ação do etanol sobre o cérebro se realiza pelo mecanismo inibidor ou depressor de atividade metabólica (universal) das células (neurônios), por meio do efeito tóxico depressor. Assim, diante do relativo grau de vulnerabilidade observado nas estruturas envolvidas no "circuito de recompensa" (ou circuito do prazer), a ação do etanol predomina de início nas áreas anteriores do lobo frontal, inibindo-o, e, simultaneamente, liberando as estruturas mesolímbicas através do mecanismo conhecido com "supressão seletiva da inibição". Neste processo, os neurotransmisores excitatórios e/ou inibitórios vão interagir dentro destes circuitos (e, indiretamente, em alguns outros) de modo a induzir sucesso no ato de beber (recompensa, reforço positivo).

Conforme podemos ver na Fig. 6.2, o álcool age sobre o cérebro atendendo de início ao sistema de recompensa (circuito de recompensa), para trazer, de forma direta ou indireta, algum alívio para determinadas situações. Por necessidade ou pela curiosidade de experiência, o consumo de bebida alcoólica se estabelece como o uso de qualquer outra substância psicoativa. Os

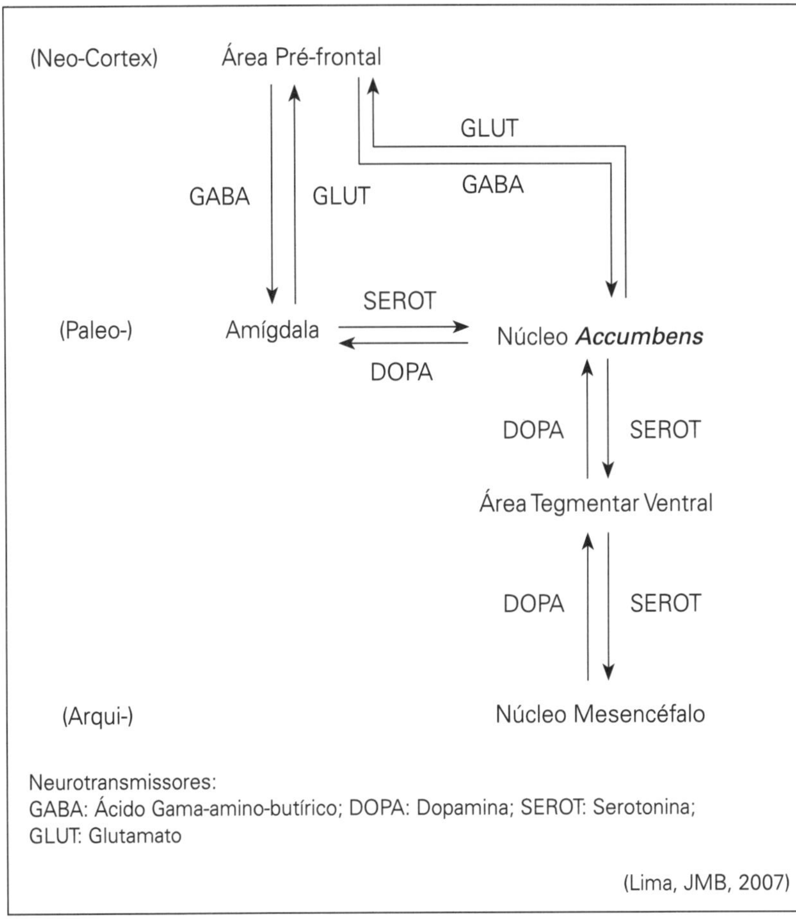

Fig. 6.1 ■ Circuito da recompensa – bases neuro-biológicas (hierarquia neuro-funcional).

resultados "positivos" obtidos e a permanência ou recorrência das situações de mal-estar ou insatisfação favorecem a busca da repetição do uso e, por conseguinte, a depender de outras inúmeras condições e fatores, do processo de uso abusivo e dependência.

Nos estágios mais avançados (dependência), as alterações celulares crônicas induzidas e provocadas ao longo do tempo pelo álcool no metabolismo celular levarão a manifestações fisiológicas mais ou menos graves, caracterizadas pela síndrome de abstinência, cuja expressão clínica mais comum é o *delirium tremens*. Conforme o estágio das alterações neuroquímicas e neurofisiológicas, os neurotransmissores envolvidos desempenharão maior ou menor influência, o que mostra a pertinência de escolher o medicamento mais adequado, de acordo com o estágio.

Ação depressora do álcool

↓

Lobo frontal

↓

Sistema mesocórtico-límbico
Área do tegumento ventral, amídalas,
núcleo *accumbens*, hipocampo...

↓

SÍNDROME DE ABSTINÊNCIA

↓

FALTA DO ÁLCOOL

↓

HIPEREXCITABILIDADE NEURONAL

↓

AUMENTO DA FUNÇÃO DO NT + (glutamato, dopamina)

↓

HIPERATIVIDADE CEREBRAL
(Ansiedade, Excitação, Tremores, Confusão Mental, crises convulsivas...)

Fig. 6.2 ■ Ação do álcool no cérebro – aspectos neurobiológicos.

CAPÍTULO

7

Problemas Relacionados ao Uso/Abuso do Álcool

Como já vimos anteriormente, desde os tempos da Antiguidade, existem relatos de problemas relacionados ao uso, abuso e à dependência das bebidas alcoólicas: vinho, cerveja e/ou "bebidas fortes". Naquela época, tais bebidas, quando em excesso, já eram apontadas como causadoras de diversos problemas, que variavam da prosaica bebedeira ou embriaguez (intoxicação aguda) até a morte em decorrência das doenças tóxico-metabólicas, apanágio da intoxicação crônica e prolongada do alcoolismo crônico. Os distúrbios psicológicos no terreno individual e suas conseqüências sobre o comportamento e relacionamentos (família, trabalho, escola etc.) foram temas de muitas histórias relatadas na literatura antiga e moderna. Na Bíblia temos inúmeras citações sobre as bebidas alcoólicas. Dostoievski, Shakespeare, Baudelaire, Hemingway e tantos outros autores da era moderna lançaram mãos de temas com personagens envolvidos mais ou menos intensamente com as bebidas e suas conseqüências. Com grande impacto na cultura moderna (ou pós-moderna), o cinema trouxe para as telas e para a televisão a problemática do alcoolismo com suas diversas nuances psicológicas e sociais, além dos problemas de saúde, propriamente ditos.

Neste sentido, suas conseqüências sobre a saúde mental são bastante conhecidas, assim como seu imbricamento psicopatológico. O álcool usado como relaxante, ansiolítico, antidepressivo, estimulante, na busca do prazer ou na fuga do desprazer, ou ainda simplesmente como um "marcador cultural" (eventos, festas, cerimônias religiosas ou pagãs, rituais de iniciação etc.), passa a representar uma séria ameaça quando interfere de forma deletéria com o indivíduo a partir do uso abusivo ou da dependência (alcoolismo crônico). Dos distúrbios psicológicos, violência, acidentes e questões sociais relacionadas às doenças crônico-degenerativas, o espectro dos problemas de saúde colocam o álcool como um dos principais problemas de saúde pública e, porque não, de segurança pública também.

As conseqüências sociais muitas vezes negligenciadas ou subestimadas pesam enormemente nos custos que a sociedade paga. Neste aspecto, a violência doméstica (contra a mulher, contra crianças, abuso sexual, desmantelamento das famílias etc.) e urbana (acidentes de trânsito, agressões físicas e homicídios, atos de vandalismo envolvendo jovens das torcidas organizadas ou dos bailes *funks* etc.), é uma constatação cotidiana cada vez mais freqüente nas grandes cidades, tendo nas bebidas alcoólicas e outras drogas forte fator agravante, facilitador e desencadeante destes eventos violentos. Não se pode deixar de considerar, portanto, o papel do álcool como fator de morbidade e mortalidade, importante o suficiente para que não seja negligenciado nas ações de saúde dentro dos programas de ações de governo na área da saúde, da educação e da segurança.

No âmbito de saúde pública, as doenças, direta ou indiretamente associadas ao abuso e à dependência do álcool, apesar de já terem sido efetivamente reconhecidas, não despertaram a necessária e devida atenção de muitos profissionais da área da saúde e das autoridades pertinentes. Os profissionais da área de saúde mental, por outro lado, tratam dos problemas do alcoolismo com maior acuidade, embora enfatizando o lado psiquiátrico. Parte significativa destas enfermidades, ligadas às "doenças clínicas" que são atendidas nos hospitais gerais e respondem por cerca de 30% dos leitos, à parte das que são normalmente assistidas nos hospitais psiquiátricos, não tem sido alvo de atenção e assistência integrada. Além disso, considerável número de atendimentos dos hospitais de emergência soma-se a este montante de assistência pública e privada sem a devida atenção.

Como parte importante do problema do alcoolismo, os doentes com patologias não-psiquiátricas, não recebem a adequada atenção do sistema de saúde, público ou privado, pois que não figuram de modo claro na décima versão do Código Internacional de Doença (CID-10) como doença alcoólica (o CID-10 reconhece o alcoolismo como pertencente à área da saúde mental). Com isso, muitos pacientes deixam de ser tratados de forma resolutiva, simplesmente por não serem reconhecidos como pacientes que deveriam ser atendidos por equipe especializada, como ocorre com os da clínica psiquiátrica. É preciso notar que, na prática clínica, existem inúmeros pacientes com doenças degenerativas graves secundárias ao abuso/dependência do álcool que morrem nos hospitais gerais e/ou em emergências sem ter recebido o diagnóstico de alcoolismo, por não terem tido "distúrbio mental" evidente que os levassem a serviço de saúde mental.

Outro lado da questão mostra, de outra maneira, a subvalorização dos problemas relacionados ao alcoolismo que, sendo um dos principais problemas de saúde pública, intrinsecamente envolvido como importante e prevalente fator de risco de morbidade e de mortalidade, não tem o espaço adequado no *curriculum* de graduação das escolas médicas, nem na das outras profissões de saúde (Psicologia, Enfermagem, Serviço Social). Aliás, em recente pesquisa realizada nos Estados Unidos sobre o lidar com pacientes alcoolistas, constatou-se que 90% dos médicos formados nas escolas médicas daquele país não sabiam como tratar ou atender estes pacientes de forma adequada. No Brasil e em outros países desenvolvidos a situação é semelhante.

Daí, hoje se ver a Alcoologia como disciplina capaz de atender a necessidade de se abordar o complexo problema do alcoolismo de forma mais coerente e adequada nos seus mais diversos aspectos. No que tange ao estabelecimento de políticas públicas na área de prevenção, educação e segurança pública, a Alcoologia também oferece a argumentação adequada para a implementação das mesmas dentro de uma melhor contextualização.

PERFIL DO CONSUMO DE BEBIDAS ALCOÓLICAS

O perfil do consumo de bebidas alcoólicas varia de pessoa para pessoa, de cultura para cultura, de lugar para lugar. Contudo, existe certa regularidade quanto ao tipo e perfil do consumidor em relação aos hábitos comuns inerentes às diversas culturas. De acordo com dados recentes de levantamento realizado pelo CEBRID em nível nacional, no Brasil, 12,3% da população está envolvida com graves problemas de doenças (crônico-degenerativas) e dependência relacionados ao uso abusivo de bebidas alcoólicas, o que representa em nosso país quase 20 milhões de pessoas (pacientes) como demanda real a forçar o sistema de saúde público e privado. Esta clientela mal avaliada e subestimada pelo próprio sistema, distribui-se na rede hospitalar por meio dos hospitais psiquiátricos (cerca de 50% dos leitos), dos hospitais de clínica (em torno de 35% dos leitos) e dos hospitais de emergência (de acordo com estimativas de alguns serviços, 40% a 50% dos atendimentos). Soma-se a este montante uma quantidade enorme de pacientes atendidos nos ambulatórios e consultórios, que escapam de melhor registro e notificação. Em face dessas constatações, fica mais fácil imaginar o peso efetivo do alcoolismo nos índices de morbidade e de mortalidade (e seu impacto na economia).

Complementando este perfil, devemos acrescentar outro segmento da população referente àqueles que, não sendo dependentes, bebem de modo excessivo e freqüente (festas, reuniões com amigos, comemorações, ou por problemas de ordem psicoafetiva) e que podem também apresentar problemas clínicos e/ou psiquiátricos, de maior ou menor gravidade, a depender de diversos fatores biopsicológicos. Estes se enquadram na classe dos usuários abusivos (abuso) e representam cerca de 20% a 25% da nossa população. Neste grupo se encontram os "problemas relacionados" nas áreas da saúde do trabalhador, dos acidentes de trânsito, das vítimas de violências (agressões, homicídios, suicídios etc.) e em outras situações.

A categoria referente aos usuários ditos sociais, isto é, aqueles que consomem bebidas alcoólicas dentro do contexto sócio-cultural habitual e não têm, *a priori*, problemas secundários, completa o perfil de consumo da população, somando-se aqui o grupo dos que não bebem por motivos religiosos ou outros. Neste sentido, a categoria "uso social" representa a grande parcela da população (cerca de 60%) e o grupo dos abstêmios oscila em torno de 10%, conforme podemos ver na Fig. 7.1.

Desta forma, poderemos considerar o consumo de acordo com a freqüência e a quantidade de álcool nas seguintes categorias, conforme consenso já estabelecido:

- O uso social ou comum de bebidas alcoólicas nas ocasiões ou eventos, cerimônias, comemorações, de acordo com fatores individuais e/ou coletivos (uso não-problemático); o uso nas refeições como hábito da cultura de muitos povos ou em reuniões triviais por puro espírito de convivência gregária não está relacionado, *a priori*, com problemas de qualquer natureza.
- O uso nocivo representa situação especial de risco, como, p. ex., dirigir ou durante a gravidez; operar máquinas de precisão, situações quem exigem maior vigilância; ex-alcoólatras; pacientes psiquiátricos em uso de medicamentos etc.
- Abuso ou uso abusivo, significando excesso de bebida alcoólica, com pequenas variações de uma pessoa para outra, a depender da sensibilidade individual (biológica ou psicológica). De qualquer forma, a quantidade de álcool puro para o nosso organismo pode variar dentro de certa faixa limite de 0,4 a 0,5 g/l de sangue (alcoolemia) acima do que pode, relativamente representar excesso, de acordo com estimativas de alguns autores. Deve-se notar que existem pessoas que, com taxa de alcoolemia mínima, já sentem os efeitos do álcool, ao contrário de outras, que podem suportar taxas mais elevadas.
- Dependência, como já é definida, engloba grupos de pessoas com história de consumo abusivo geralmente há longo tempo, variando de grau e evolução conforme fatores de maior ou menor predisposição. Vale observar que o uso abusivo difere da dependência pelo fato de que nesta ocorre a síndrome de abstinência quando da suspensão da bebida. A síndrome de abstinência

manifesta-se com sinais e sintomas bastante peculiares no caso do alcoolismo, podendo, também, variar de intensidade conforme aspectos constitucionais biopsicológicos de cada pessoa.

- Abstinência refere-se a grupos ou segmentos que não fazem uso do álcool, como, p. ex., religiosos evangélicos, muitos esportistas em geral, e pessoas que deixaram de beber (ex-alcoólatras), ou por motivos culturais ou pessoais.

De acordo com diversas avaliações, estima-se que a distribuição percentual dos grupos citados, relativa ao perfil de consumo de uma população determinada, seria conforme representada na Fig. 7.1:

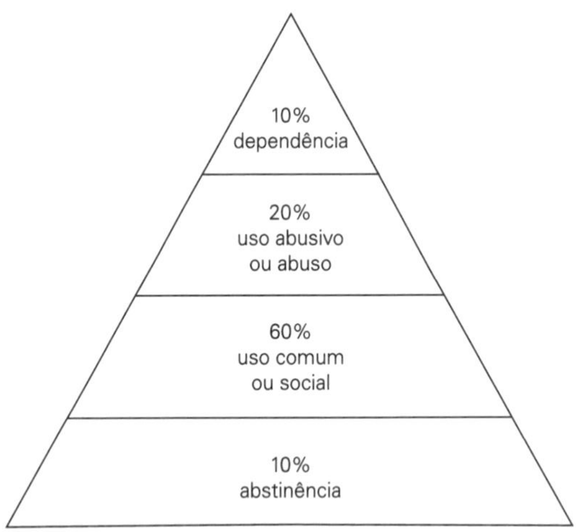

Fig. 7.1 ■ Perfil do consumo de álcool em determinada população. No Brasil, dependência chega a 12,3% (SENAD/CEBRID, 2006).

Naturalmente, existem variações dentro dos grupos de consumo de álcool, havendo pessoas que já foram usuárias abusivas e passaram para o grupo de usuárias comuns ou sociais e vice-versa, ou passaram para a dependência no decorrer de algum tempo. Portanto, a migração de um estágio para outro é constatada nas diversas direções, inclusive mais radicais, como alguns pacientes do grupo alcoólicos anônimos (AA) que passam da dependência à abstinência como parte do processo terapêutico do grupo de mútua ajuda. No entanto, o perfil percentual de consumo estabelece um determinado comportamento relativo ao consumo levando-se em conta as várias determinantes sócio-culturais e comportamentais de populações ou grupos sociais. Fatores tais como os econômicos (empobrecimento ou crises sociais/políticas etc.) podem influenciar o perfil de consumo por tempo determinado ou não.

A campanha antitabagista das últimas décadas é um exemplo de fator de mudança do perfil de "consumo de cigarro" em grande parte dos países ocidentais. É fácil depreender que, em determinadas circunstâncias e com envolvimento e engajamento sociais e governamentais, como ocorreu no tabagismo, fenômeno semelhante poderá acontecer em relação ao alcoolismo, com diferenças pertinentes à natureza da própria inserção da bebida do ponto de vista sócio-cultural e às circunstâncias inerentes às questões comerciais, econômicas e políticas.

SITUAÇÃO NOSOGRÁFICA DO ALCOOLISMO

Desde que se passou a considerar o alcoolismo como uma entidade nosológica (doença), constatou-se logo a dificuldade de se estabelecer os limites clínicos de forma nítida, tantas são as interfaces do alcoolismo crônico. Pela própria natureza biopsicossocial, as manifestações básicas são reconhecidas como quadro polimorfo, tendo nos aspectos neuropsiquiátricos a predominância clínica, fazendo com que a própria Organização Mundial de Saúde (OMS) tendesse por esta vertente.

Assim, ao procurarmos a doença alcoolismo na versão mais recente do Código Internacional de Doenças, na décima versão (CID-10), vamos encontrar referência na categoria F. 10, com todas as diferentes formas clínicas. Não se observam nesta classificação, de forma clara e objetiva, as outras diversas formas clínicas do alcoolismo, e isto vem mostrar apenas o enfoque baseado no modelo médico tradicional – não só da OMS mas de todos – que mantém a idéia de ser o alcoolismo uma condição puramente de ordem psiquiátrica ou da área da saúde mental.

A ciência médica, hoje, ainda subestima o assunto, tanto que, apesar de ser o alcoolismo um dos principais fatores de morbidade e mortalidade, não recebe a atenção na composição do *curriculum* básico de graduação das faculdades de medicina, não só no Brasil, como também na maior parte dos países. Nas outras carreiras da área da saúde acontece o mesmo. A explicação deste fato ainda não tem uma resposta "satisfatória", a não ser que levemos em conta aspectos psicossociais no que tangem à negação e aos preconceitos que ainda persistem, mesmo que inconscientes.

No CID-10 vamos encontrar as diversas referências às doenças relacionadas ao uso, abuso e à dependência do álcool, com ênfase nos transtornos mentais secundários, juntamente com as das outras drogas. O sistema de classificação do CID objetiva mais uma ordem taxionômica voltada para o diagnóstico e orientação de condutas dirigidas para estratégias de tratamento e de prevenção. Portanto, a abordagem dos temas transversais, como o alcoolismo, p. ex., precisa ser considerada nas esferas de reorganização do Sistema Único de Saúde (SUS), dentro de um contexto mais amplo e integrado das ações e de planejamentos estratégicos, incluindo os aspectos sociais e econômicos envolvidos globalmente.

Código Internacional de Doenças (CID)

10ª Revisão (OMS, 1993)

Transtornos mentais relacionados às substâncias psicoativas (drogas)

F 10 – Álcool
F 11 – Opiáceos
F 12 – Canabinóides (maconha)
F 13 – Hipnóticos, sedativos
F 14 – Cocaína
F 15 – Cafeína, estimulantes, outros
F 16 – Alucinógenos
F 17 – Fumo (tabaco)
F 18 – Solventes (voláteis)
F 19 – Múltiplas drogas

No que concerne aos problemas relacionados ao uso nocivo (abuso) e à dependência do álcool, encontramos diversas categorias. É importante considerar aqui que o uso nocivo se confunde com o abuso, sendo que o abuso é sempre nocivo e que pode haver uso não-nocivo.

Em **F 10** – Transtornos mentais e comportamentais decorrentes do uso de álcool – item relacionado ao uso nocivo e à dependência, observamos as seguintes condições relativas aos principais sintomas dos diversos quadros clínicos:

F 10.0 – Intoxicação aguda (embriaguez)
F 10.1 – Uso nocivo
F 10.2 – Síndrome de dependência
F 10.3 – Estado (síndrome) de abstinência
F 10.4 – Estado de abstinência com *delirium tremens*
F 10.5 – Transtorno psicótico
F 10.6 – Síndrome amnésica
F 10.7 – Transtorno psicótico residual e de início tardio
F 10.8 – Outros transtornos mentais e de comportamento
F 10.9 – Transtornos mentais e de comportamento não-especificados

Em grupos de doenças relacionadas a outras categorias, tomando-se por base os processos patológicos de sistemas e aparelhos orgânicos, podemos citar algumas das seguintes referências:

K 29.2 – Gastrite alcoólica
K 70 (0-9) – Doença hepática
K 86.0 – Doença pancreática (pancreatite)
P 0.4 – Fetopatia relativa ao uso de álcool na gravidez
Q 86.0 – Síndrome alcoólica fetal
T 40. (0-9) – Intoxicações por narcóticos e psicodislépticos (ópio, morfina, cocaína)
T 51 – Efeitos tóxicos do álcool (etílico, metílico e outros)
T 52 – Efeitos tóxicos de solventes orgânicos

Vale considerar, neste quadro da relação das doenças codificadas no CID-10, que muitas enfermidades ou distúrbios diretamente relacionados ao abuso ou à dependência do álcool não estão contemplados como deveriam. Isto pode ser interpretado como reflexo da postura cultural vigente e de uma certa tradição histórica de subestimar a questão do alcoolismo crônico, fortemente ligados aos valores éticos e morais da sociedade como um todo. Esta situação está, também, presente entre os diversos profissionais da saúde; deriva, em parte, deste contexto, a efetiva predominância do enfoque da saúde mental, fazendo com que o enfoque da saúde pública seja subestimado.

O Ministério da Saúde, baseando-se tradicionalmente neste enfoque, encontra relativa dificuldade para adotar uma posição mais abrangente vinculada à saúde pública.

É curioso observar que não se nega a natureza de saúde mental do alcoolismo. Contudo, as referências às outras enfermidades de áreas clínicas que têm no álcool efetivo fator patogênico, direto e ou indireto, participando do processo patológico como causa ou fator co-responsável, não são consideradas com a devida pertinência. Só na clínica neurológica poderíamos citar diversas enfermidades, quase duas dezenas, nas quais o álcool está fortemente relacionado. Na verdade, entre estas afecções da neurologia como especialidade, figuram tantas outras de psiquiatria superpostas, como se pode verificar na consulta mais detalhada do CID-10. Contudo, fica claro que, apesar de ser instrumento importante como manual de diagnóstico e de classificação, o CID necessita, neste campo das doenças e distúrbios relacionados ao uso, abuso e à dependência do álcool, de uma adequada revisão.

Além deste motivo, outros fatos, importantes são a persistência do enfoque da saúde mental e a pouca relevância do enfoque da saúde pública nesta 10ª revisão. Trata-se de dar os devidos e pertinentes espaços, de forma integrada, a estas duas importantes áreas, a de saúde mental e da saúde pública para, realmente, abranger o largo espectro nosológico das enfermidades relacionadas ao uso, abuso e à dependência do álcool como questão biopsicossocial.

Dentro desta nova versão, seriam contemplados os diversos problemas relacionados ao álcool e, assim, seriam justificadas as diretrizes e recomendações adotadas pela recente política nacional sobre o álcool (decreto lei 6.117, de 22 de maio de 2007), a exemplo do que outros países desenvolvidos, como, p. ex., a França e os EUA, vêm desenvolvendo nos últimos 20 anos. Deste modo, seriam considerados os agravos sobre a saúde, as doenças ou distúrbios secundários aos acidentes de trânsito e de trabalho, domésticos, à violência urbana (homicídios, suicídios, violência contra mulheres e crianças) e outras afecções, tais como a síndrome alcoólica fetal, miocardiopatia alcoólica, os déficits neurocognitivos leves anteriores ao quadro de deficiência cognitiva global dos estágios avançados da dependência do álcool (demência alcoólica/atrofia cerebral córtico-subcortical).

Vale considerar, ainda, nesta discussão, uma condição relativamente reconhecida, porém não estudada como deveria. Trata-se, de acordo com nossa experiência e a de alguns outros autores, do quadro clínico "síndrome de falência múltipla de órgãos – alcoolismo" (FMO-A), observado em muitas ocasiões, em geral nos CTIs, quando das fases terminais destes pacientes, os quais são levados ao óbito por este quadro, no qual as diversas manifestações clínicas refletem o processo crônico-degenerativo de natureza tóxico-metabólica decorrente da ação do álcool ao longo dos anos.

Assim, a FMO-A poderia ser reconhecida como processo patológico que, ao comprometer órgãos como o fígado, pâncreas, coração, sistema nervoso central e periférico, incluindo o sistema nervoso autônomo, o sistema endócrino e o sistema imunológico, entre outros, promove o que poderíamos considerar uma espécie de síndrome metabólica global, de evolução progressiva e fatal, com predominância de um ou outro órgão, a depender de fatores biológicos e de predisposição geneticamente determinada.

Nos estágios finais do alcoolismo crônico, por dependência ou por abuso de longo tempo, a verdadeira causa da morte reside na insuficiência do organismo como um todo e na inviabilidade de manter as funções vitais satisfatórias. Deve-se considerar, ainda, a coexistência de outros distúrbios agravantes que, em geral, aceleram e agravam o quadro clínico, tais como diabetes, obesidade e hipertensão arterial, entre outros (co-morbidades clínicas).

Portanto, políticas de saúde e de educação que privilegiem as estratégias e ações de prevenção, além do tratamento efetivo, colocam-se como urgentes e necessárias para que se possa enfrentar da melhor forma a questão dos problemas relacionados ao uso, abuso e à dependência do álcool dentro de uma visão sistêmica, a qual permita abordar questões transversais, como é o caso da complexa questão do alcoolismo. A proposta da Alcoologia como disciplina (transversal e transdisciplinar) vem permitir esta visão sistêmica e integrada do problema, bem como a proposição de ações abrangentes, interligadas e intersetoriais, coordenadas com a perspectiva de programas estabelecidos ao nível da saúde pública.

CAPÍTULO

8

Álcool e Gravidez – Síndrome Alcoólica Fetal (SAF)

A síndrome alcoólica fetal constitui complexo quadro clínico de manifestações diversas, decorrentes da exposição da criança ao álcool, durante o período da gravidez. Tais manifestações caracterizam-se por um grupo de sinais e sintomas relacionados ao comprometimento do SN (cérebro) e de outros órgãos (Lima, 2003).

A SAF pode manifestar-se de forma variável, segundo a gravidade do comprometimento fetal, a depender da freqüência e quantidade do consumo de bebida alcoólica e do período gestacional. Assim, podem-se observar abortamento, morte fetal perinatal, retardo mental grave (forma típica), déficit cognitivo/de atenção (com ou sem hiperatividade), distúrbios comportamentais, além de dismorfias craniofaciais, informações cardíaca, renal e de outros órgãos.

O importante aumento da produção de bebidas alcoólicas, em grande parte nos países desenvolvidos ou em desenvolvimento, sobretudo os ocidentais, fez com que os diversos problemas relacionados ao consumo nocivo de álcool (uso, abuso e dependência) chegassem a um nível jamais observado antes. Hoje, a OMS coloca o alcoolismo como a terceira maior causa de morbidade e mortalidade, responsável por enormes gastos, apesar de subestimado.

No Brasil, a situação é uma das mais sérias, em face da nossa produção de cerveja e de destilados (cachaça) ser uma das maiores do mundo, e, ainda, por estar aumentando o consumo a cada ano, fazendo uma curva em ascensão contínua.

Neste cenário, o consumo de álcool entre as mulheres vem crescendo de modo significativo. Enquanto a relação homem/mulher, no que tange à dependência, em 1970 era de cerca de 10/1, em 2005 chegou a 4/1. De acordo com dados recentes, a produção/consumo de cerveja dobrou nos últimos 10 anos (1995-2005), de 4,8 milhões para mais de 10 bilhões de litros/ano. O segmento da população que mais contribuiu com este aumento foi o de jovens e mulheres. Esta é uma situação de grande preocupação no que concerne ao risco do uso e abuso de álcool pelas mulheres, em particular pelas mulheres em idade fértil e, eventualmente, grávidas. De acordo com estudos americanos e europeus, estima-se que 20% a 30% das grávidas consomem bebidas alcoólicas de modo preocupante, o que representa efetivo risco de desenvolver a síndrome alcoólica fetal (SAF).

Recente estudo realizado pela SENAD em parceria com o CEBRID – II Levantamento Domiciliar sobre Uso de Drogas Psicotrópicas – 2006 (Carlini, 2006) – mostra um aumento de 10% de pessoas com dependência de álcool com relação ao primeiro estudo (2001): de 11,2% para 12,3%. É importante chamar a atenção para o significativo aumento entre as mulheres, que foi de quase 14%, enquanto entre os homens foi em torno de 7,5%. Este fato demonstra nitidamente que as mulheres estão consumindo álcool cada vez mais e tornando-se dependentes, o que, na verdade, já vinha sendo constatado há muito tempo.

Como foi referido anteriormente (Lima, 2007), quando mencionamos que coube mais aos jovens e às mulheres o principal peso no aumento do consumo de cerveja no período de 1995-2005, demonstra-se a imperosa necessidade do enfrentamento desta situação por meio de ações efetivas de políticas públicas.

Especialmente entre nós, brasileiros, que constatamos a crescente produção de bebidas alcoólicas a cada ano, é motivo de grande preocupação a falta de conscientização deste fato, além de estarmos sob forte apelo publicitário do consumo dirigido aos jovens e às mulheres, sobretudo.

A indústria de cerveja no Brasil tem investido centenas de milhões de reais em campanhas de propaganda por ano, diferente de outros países nos quais esta propaganda maciça é proibida ou é controlada por órgãos especializados do governo. Naturalmente, o incentivo ao consumo de cerveja (de vinho e de cachaça, também) pelas mulheres representa relevante risco no que tange à incidência da síndrome alcoólica fetal (SAF) entre nós, brasileiros.

Considerando que no Brasil ocorram cerca de três milhões de nascidos vivos/ano e que a estimativa de SAF seja semelhante à dos EUA e à de outros países de elevado consumo de álcool (Streissguth, 1997; Lima, 2006), ou seja, 1 a 2/1.000 nascidos vivos, a incidência de SAF estimada entre nós deve ser de 3.000 a 6.000 casos por ano. Se levarmos em conta que determinados grupos sociais são mais vulneráveis aos problemas relacionados ao álcool, podemos verificar que a incidência pode chegar a 10 casos por cada 1.000 nascidos vivos, isto é, 30 mil casos de SAF/ano (1% dos nascidos vivos).

É ainda mais espantoso e altamente preocupante o fato de ser a SAF uma condição totalmente previsível e evitável. Por outro lado, causa espécie o grau de desconhecimento, tanto no nível acadêmico quanto no nível profissional, relacionado às autoridades da saúde pública.

A SAF representa hoje uma das mais intrigantes questões de saúde da criança e do adolescente em muitos países, mostrando que o consumo de bebidas alcoólicas durante a gravidez representa sério risco. Subestimada e mesmo negada, a SAF vem merecendo atenção cada vez maior de países como os EUA e a França, como exemplos de muitos relatos que têm sido publicados nos últimos 30 anos, somando-se ao grande número de artigos científicos na literatura médica internacional.

■ CONCEITO CLÍNICO

A SAF constitui uma curiosa entidade clínica, de certa forma há muito conhecida, mas, ao mesmo tempo, pouco reconhecida por grande parte dos profissionais da saúde e do público em geral, nos dias de hoje. A SAF é conseqüência da ação teratológica tóxico-metabólica do álcool sobre o embrião ou feto, em decorrência da ingestão de bebidas alcoólicas pela mãe durante a gravidez.

O álcool ingerido, como se sabe, atravessa a mucosa, ganha a corrente sangüínea materna e, passando pela circulação placentária, atinge o concepto diretamente via cordão umbilical. Em poucos minutos, o álcool ingerido já alcança o sangue do feto ou embrião dentro do útero.

As manifestações clínicas da SAF caracterizam-se por um complexo grupo de sinais e sintomas que variam segundo a quantidade de álcool ingerida e o período de gestação, além de outros fatores. A forma clínica que mais chama a atenção é a que se apresenta com fácies relativamente típicas (microcefalia, microftalmia, base do nariz achatada, lábio superior afinado, retrogratismo), baixo peso e baixa estatura ao nascer (PIG – pequeno para a idade gestacional), retardo mental (déficit cognitivo) e distúrbios de comportamento. Outras formas clínicas se apresentam com maior intensidade de sinais e sintomas.

O que empresta à SAF um aspecto interessante e curioso é o fato de ser uma condição comum e previsível, porém negada e/ou subestimada, apesar de o diagnóstico ser relativamente fácil. Outro aspecto interessante refere-se ao fato de que somente há cerca de 30/35 anos, chamou-se a atenção de forma mais efetiva para este problema, quando há referências antigas conhecidas empiricamente, como os citados no Livro dos Juízes da Bíblia, por meio da mensagem às mães para que se afastassem do álcool no período da procriação.

Pode-se dizer que foi no fim da década de 1960 que o pediatra francês Paul Lemoine (1968), ao publicar estudo sobre 127 casos, chamou a atenção para SAF de modo efetivo, apesar da pouca repercussão alcançada entre os próprios colegas franceses. Logo depois, em 1973, o grupo de Seattle (Universidade de Washington) publicou artigo sobre uma dezena de casos na revista inglesa *The Lancet*, tendo grande alcance no meio médico-científico internacional. A partir de então, cada vez mais freqüentemente vêm sendo publicados estudos sobre o tema. Contudo, ainda assim a SAF é, em geral, pouco conhecida e subestimada, no que tange ao enfrentamento como problema de saúde pública de grande relevância.

No Brasil, poucos trabalhos são encontrados na literatura nacional, apesar de se estimar que a SAF em nosso país deva ter elevada prevalência. Entre os poucos trabalhos em nossa literatura médica, há 20 anos tivemos a oportunidade de publicar estudo sobre a SAF na revista *Arquivos Brasileiros de Medicina* (1985). Porém, foi a partir de 1998, com a participação do colega francês Didier Playoust, em Simpósio Internacional no Rio de Janeiro – no qual um dos destaques foi a SAF –, que passamos a dar efetiva atenção para este tema, que então veio a constituir um dos projetos de pesquisa integrados ao programa acadêmico CEPRAL (Centro de Ensino, Pesquisa e Referência de Alcoologia e Adictologia) da Universidade Federal do Rio de Janeiro (UFRJ), com produção de artigos e relatos em simpósios e congressos, além da criação de núcleo de atendimento integrado para esses pacientes.

Outros relatos foram publicados entre nós, chamando a atenção para este problema. No entanto, ao consultarmos o próprio Ministério da Saúde, não encontramos registros dos casos de SAF correspondentes à nossa possível realidade (DATASUS/Ministério da Saúde), conseqüente a uma natural subnotificação.

DADOS EPIDEMIOLÓGICOS

Sendo a SAF uma condição relativamente comum, mas pouco conhecida entre nós no Brasil, os dados epidemiológicos relatados por diversos autores demonstram a importância em termos de saúde pública desta condição. Estudos norte-americanos (Streissguth *et al.*, 2001) chamam a atenção para impressionantes cifras que se assemelham às registradas nos países da Comunidade Européia. Segundo Ann Streissguth, a incidência da SAF corresponde a cerca de um a dois casos por 1.000 nascimentos, sendo que em algumas comunidades mais vulneráveis chega a 1% dos nascidos vivos. No Brasil não dispomos de dados mais fidedignos, não só pela falta de conhecimentos, mas também pela subestimação e pela subnotificação da própria condição clínica.

Contudo, estima-se que, em face do nosso padrão de consumo de bebidas alcoólicas, entre jovens e mulheres principalmente, a prevalência da SAF deva ser bastante elevada. Neste sentido, devemos levar em consideração alguns fatores importantes:

- O Brasil é um dos maiores produtores mundiais de bebidas alcoólicas (cerveja: 10 bilhões de litros/ano; destilados/cachaça: 1,5 bilhão de litros/ano; vinho: 400 milhões de litros/ano), o que nos coloca entre os países de maior consumo de bebida alcoólica do mundo. Em termos de álcool puro, o brasileiro consome cerca de 7,0 litros/pessoa/ano, ainda bem menos do que os portugueses, que consomem cerca de 11,9 litros/pessoa/ano, e do que os franceses, em torno de 10,5/ano.
- Enquanto muitos países, entre os quais os EUA e a França, registram estabilização ou diminuição do consumo de bebidas alcoólicas, o Brasil mostra tendência de forte aumento do consumo, tendo dobrado o mesmo na última década (1995-2005). Este fato traz significativa preocupação, pois o público jovem é o principal alvo da agressiva e intensa propaganda estimuladora do consumo, apesar de se recomendar o "consumo com moderação".
- Há falta de efetiva conscientização dos problemas relacionados ao uso, abuso e a dependência do álcool e ausência de ações e estratégias de informação e prevenção por parte das instituições públicas e de organismos não-governamentais ou da sociedade como um todo.

Segundo recentes estudos realizados no Brasil sobre o perfil do consumo de álcool (Carlini *et al.*, 2006), 12,3% da população geral tem sérios problemas com relação às bebidas alcoólicas (doenças e distúrbios secundários ao alcoolismo), o que significa que cerca de 20 milhões de pessoas estão diretamente comprometidas pelo alcoolismo.

Embora seja difícil estimar a população feminina que tenha feito uso do álcool durante a gravidez, imagina-se que tal ocorrência deva ser significativa. Deve-se observar, por outro lado, que a SAF é uma condição clínica de elevada incidência e alta prevalência, embora subestimada. De acordo com estudos americanos e europeus, estima-se que cerca de 10% a 20% das mulheres grávidas façam uso de bebidas alcoólicas durante a gravidez de forma consistente.

Projetando os dados para o Brasil, o número de mulheres grávidas que consomem álcool durante a gravidez deve ser bastante elevado, sendo maior nos grupos femininos considerados mais vulneráveis pelas condições sócio-econômicas.

■ ASPECTOS FISIOPATOGÊNICOS

O álcool etílico (C_2H_5 OH), como substância química simples, solúvel na água e na gordura, atravessa as barreiras biológicas e membranas celulares com relativa facilidade. Ao penetrar no citoplasma, provoca alterações tanto no processo metabólico oxidativo quanto nas próprias estruturas e organelas citoplasmáticas. Este mecanismo citopatogênico é comum a todas as células, sendo algumas mais vulneráveis do que outras, como, p. ex., os hepatócitos, os neurônios, as fibras musculares etc. Deste modo, o álcool atua como depressor da atividade metabólica, reduzindo-a progressivamente, e, dependendo da dose, da freqüência e do tempo de consumo, além de alguns outros fatores biológicos, levando a célula à morte. Este mecanismo patogênico constitui o conhecido processo de apoptose tóxico-metabólica relacionado ao álcool.

A mulher grávida, ao ingerir bebida alcoólica, quer seja dependente ou por abuso eventual, estará expondo o feto ao álcool e, portanto, submetendo-o ao efetivo risco de desenvolver a SAF. Deve-se chamar a atenção para outro fato: o álcool etílico, ao atravessar a placenta, atinge o organismo do feto através da artéria do cordão umbilical, o que significa grave ameaça, pois enquanto a mãe ingere a bebida alcoólica pela boca, passando pelo fígado, no feto o álcool vai direto para a corrente sangüínea, atingindo o cérebro e outros órgãos diretamente (*"uma injeção venenosa de álcool"*).*

---

*Grifo do autor.

Outro problema sério é a relação dose/concentração sangüínea de álcool e o peso. A mãe, ao consumir uma dose-padrão de qualquer bebida (cerveja, vinho, destilados), apresenta alcoolemia (teor de álcool no sangue) de cerca de 0,2 g/l de álcool no sangue para um peso de 60/70 kg, enquanto o feto recebe a mesma taxa de alcoolemia pelo cordão/artéria umbilical, com peso muito inferior, a depender do período da gravidez, em torno 100, 200 até 1.000 g, representando de qualquer forma uma grande desproporção relativa à quantidade de álcool e à massa corporal. Sem dúvida, esta relação dose/peso é altamente perigosa para o feto ou embrião (Lima, 2006).

A ação do álcool sobre o organismo que está em pleno processo de crescimento, multiplicação e diferenciação celular, vai comprometer seriamente todo o desenvolvimento fetal (ou embrionário), sendo, portanto, fator determinante das diversas conseqüências patológicas da SAF, indo desde os abortamentos até às repercussões mais leves, traduzidas na clínica por manifestações mais brandas ou subclínicas. Deste modo, o álcool age como um dos mais conhecidos agentes teratogênicos, senão o mais importante e freqüente aos quais o ser humano está exposto.

Que dose ou quantidade de álcool pode provocar tais manifestações características da SAF, não se sabe ao certo. Diversos estudos foram feitos e (em face aos riscos existentes) o consenso entre os diversos autores foi recomendar a abstinência total de álcool durante a gravidez: *"Mãe, só por nove meses"*.

Deve-se observar, contudo, que outros fatores, alguns ainda desconhecidos, participam do processo patogênico, modificando a expressão clínica e a intensidade do quadro para cada caso.

No que tange ao sistema nervoso central (SNC), em especial ao cérebro, a ação teratogênica do álcool se traduz por processo de hipotrofia dos hemisférios cerebrais (microcefalia), disgenesias de estruturas como as do corpo caloso, cerebelo, núcleos da base, dismorfias ou defeitos de migração neuronal (heterotopias), hipotrofia do lobo frontal, disgenesias de vias e circuitos neuronais etc.

Estudos de neuroimagem realizados por meio de TC e RNM de crânio (Swayze *et al.*, 1997), demonstram, ao lado de outros estudos, diversas alterações estruturais de intensidade e formas variáveis: redução do volume de núcleos da base, do tálamo, do corpo caloso, total ou parcial, e lobo frontal pouco desenvolvido (microcefalia global ou parcial). Nos casos mais leves, os exames de neuroimagem não revelam alterações objetivas. Nesses casos, os exames funcionais eletrofisiológicos (EEG, mapeamento cerebral, potenciais evocados) ou testes neurocognitivos poderão mostrar alterações objetivas em boa parte dos casos (Lima *et al.*, 2002).

QUADRO CLÍNICO – CLASSIFICAÇÃO

O quadro clínico da SAF é caracterizado por algumas manifestações relacionadas às malformações secundárias à ação do álcool etílico sobre os órgãos do embrião ou feto. Esta ação teratogênica compromete diversos órgãos, porém o cérebro, o coração e os rins são mais comumente atingidos. A ação tóxica do álcool como fator geral do hipodesenvolvimento somático leva à ocorrência de crianças nascidas com baixo peso e baixa estatura em geral (PIG – pequeno para idade gestacional).

Diversos autores, no que tange à descrição clássica da SAF, como foi apresentada por Lemoine, Jones e outros, acentuaram de forma marcante a tríade "microcefalia, dismorfias faciais e déficit neurocognitivo".

A fácies desta forma é bastante peculiar: rosto pequeno, com olhos pequenos e apertados, nariz achatado na base, lábio superior fino e com sulco nasolabial ausente é comum, além de baixa estatura e baixo peso. As manifestações cognitivas e comportamentais estão sempre presentes, com intensidade e expressão clínica variáveis.

Os sinais e sintomas referentes ao comprometimento de outros órgãos, tais como coração e rins, p. ex., manifestam-se conforme a localização orgânica e a intensidade do defeito morfológico, que irão depender em parte da fase da gravidez em que a ação tóxica ocorreu com maior intensidade (Tabela 8.1).

Embora o quadro clínico da SAF seja conhecido pelas características da forma comum, com fácies e aspecto bastante peculiares, na verdade a síndrome congênita relacionada ao álcool

Tabela 8.1 ■ Relação de manifestações clínicas da SAF

Órgão/Sistema	*Manifestações clínicas (sinais e sintomas)*
SNC/Cérebro	Microcefalia, retardo mental, déficit neurocognitivo, atraso do desenvolvimento psicomotor, distúrbios de comportamento, déficit de atenção com ou sem hiperatividade
Sistema cardiovascular	Malformação cardíaca (persistência de comunicação, tetralogia de Fallot etc.), hemangionas
Aparelho urinário	Rins em ferradura, disgenesia urovesical, hipotrofia dos rins
Aparelho esquelético	Sinostoses, hipotrofia óssea, fibroses congênitas, espinha bífida, encefalocele, mielocele
Malformações faciais	Microcefalia (fácies pequena), microftalmia, base do nariz achatada, baixa implantação das orelhas, ausência do sulco nasolabial (filtro), lábio leporino etc.

(SCRA), decorrente do processo citotóxico-teratogênico sobre o embrião/feto durante o período da gestação, apresenta-se com espectro clínico bem mais amplo.

Neste sentido, ao se considerar o processo patogênico definido pela ação do agente tóxico (álcool) atuando sobre a estrutura orgânica em desenvolvimento (crescimento e maturação orgânica do feto), as manifestações clínicas decorrentes diretamente deste processo, dependendo ainda de possíveis outros fatores, poderão variar desde as lesões mais graves (inviabilizando o concepto e induzindo o abortamento) até as lesões mais discretas, de pouca ou até nenhuma expressão clínica consistente (crianças que não apresentam quaisquer sinais ou sintomas ao nascer e no decorrer do seu desenvolvimento, até a fase adulta).

Neste último caso, sendo o cérebro o órgão mais vulnerável à ação tóxica do álcool, surge a hipótese de que algumas crianças de mães que consumiram álcool durante a gravidez de "modo eventual e socialmente" poderiam não apresentar quaisquer manifestações típicas, tendo inclusive a aparência normal, porém com discreto comprometimento funcional, sobretudo na área das funções frontolímbicas, propiciando quadros de natureza neurocognitivo-comportamental. Esta interessante relação nosológica, já apontada por alguns, foi por nós relatada recentemente em alguns artigos e relatos (Lima, 2002; 2005).

Considerando que o agente tóxico-metabólico álcool, claramente identificado, atua por meio de mecanismo patogênico determinado sobre estruturas orgânicas também determinadas, o processo nosológico se dá pelos efeitos do álcool sobre o feto (EAF). Assim, todas as manifestações clínicas/morfológicas resultantes da ação do álcool sobre o feto se inscrevem no quadro nosólogico único e autonômo, descrito como síndrome alcoólica fetal (SAF), com um espectro clínico que varia desde as formas mais graves às mais discretas e, até mesmo, subclínicas (ver Tabela 8.1).

Recomendamos observar com especial atenção a possibilidade de formas consideradas leves ou subclínicas que não apresentam manifestações clínicas ou morfológicas detectáveis ao exame mais superficial, configurando os chamados casos assintomáticos. Assim, apenas a história clínica registra consumo de álcool durante a gravidez, podendo estabelecer possível relação com distúrbios neurocognitivos "leves", tais como déficit de agitação, agitação, dificuldade de aprendizagem, dislexias, dificuldades de relacionamento social, distúrbios do sono, devendo-se considerar naturalmente outras condições clínicas pertinentes.

DIAGNÓSTICO

O diagnóstico da SAF (CID-10 Q.86.0), apesar de não ser feito com a freqüência que deveria pelos médicos, é baseado na observação clínica e na história de uso de bebidas alcoólicas durante a gravidez, juntamente com sinais e sintomas descritos nas formas mais comuns, como referido anteriormente.

Deste modo, com base no conjunto das manifestações clínicas e na história de exposição do álcool, podemos propor a classificação clínica da SAF como apresentada na Tabela 8.2.

Alguns exames complementares, tais como exames de imagem e neurofisiológicos, são utilizados para identificar e avaliar alterações estruturais e/ou funcionais dos órgãos comprome-

Tabela 8.2 ■ Classificação clínica da SAF

Formas clínicas (de acordo com a gravidade)	*Manifestações clínicas e alterações*
I – Formas graves	Abortamentos (feto inviável) Morte perinatal
II – Formas moderadas (formas clássicas)	Microcefalia, dismorfias craniofaciais (fácies típica), baixa estatura e baixo peso ao nascer (PIG), retardo mental/déficit neurocognitivo, distúrbios comportamentais, malformações congênitas de outros órgãos (coração, rins, ossos e articulações etc.)
III – Formas leves	Ausência dos estigmas morfogênicos (aparência sem alterações) ou presença discreta destes, que desaparecerem com o desenvolvimento orgânico. Funções neurocognitivas com déficits discretos e/ou que surgem no período escolar – déficit de atenção, hiperatividade. Distúrbios de comportamento mais evidentes na fase escolar e na adolescência (agitação, agressividade ou comportamento passivo, conduta anti-social, dificuldade de relacionamento pessoal e de grupo, imaturidade); maior vulnerabilidade ao uso de álcool e de outras drogas. QI levemente abaixo (*borderline*) do normal, com dificuldades no rendimento escolar, ou dentro dos limites da normalidade.

tidos (cérebro, coração, rim). Portanto, o diagnóstico da SAF é eminentemente clínico, embora os exames complementares possam ser de utilidade para maior esclarecimento diagnóstico (investigação clínica).

Contudo, apesar de se poder identificar com maior facilidade as formas mais comuns (a forma moderada, representada pela forma clássica), as chamadas formas leves, ou mesmo subclínicas, são de diagnóstico mais difícil, por não apresentarem os estigmas morfológicos ou estarem presentes discretamente.

Outro dado relevante refere-se à dubiedade do uso do álcool durante a gravidez, geralmente negado ou subestimado, a não ser entre mulheres com história de alcoolismo efetivo e espontaneamente declarado, o que facilita a identificação. Nos casos de mulheres que apenas fizeram uso social ou eventualmente abusaram do álcool, o preconceito, a negação ou a culpa e a vergonha, ligados aos tabus do alcoolismo feminino, tornam a identificação diagnóstica um pouco mais delicada e difícil.

Após diversas discussões, a tendência das opiniões entre diversos autores é considerar que, embora não haja dose limite, o risco é bastante consistente e representa uma ameaça real à criança. Daí se recomendar a abstinência de bebidas alcoólicas durante a gravidez. "*Se beber não engravide, se engravidar não beba*"*, tem sido a nossa advertência como prevenção.

O diagnóstico laboratorial para pessoas portadoras de SAF, isto é, o diagnóstico apoiado nos exames complementares que podem trazer efetivos esclarecimentos com relação ao grau e à extensão do comprometimento orgânico, compreende os seguintes procedimentos:

- TC ou RNM de crânio com estudo funcional
- EEG
- Testes neurocognitivos
- Avaliação psicopedagógica
- Outros testes ou exames, de acordo com as necessidades clínicas.

O exame realizado por meio da neuroimagem cerebral é um dos melhores recursos para identificar as alterações estruturais: hipotrofia dos hemisférios cerebrais e do cerebelo, diminuição do volume do tálamo e de outros núcleos da base, dismorfias ou hipotrofia do corpo caloso etc.

Naturalmente, nas formas leves tais alterações não são observadas pelos exames convencionais. Mas é de se supor que o álcool, agindo em fases de diferenciação, migração neuronal e integração dos circuitos primordiais do cérebro intra-útero, deva promover microalterações não evidenciadas pelos exames de

*Grifo do autor.

neuroimagem mas que, no entanto, irão se expressar na idade escolar ou na adolescência, mediante sintomas ou distúrbios neuropsicológicos ou neurocomportamentais. Como já citamos, alguns casos do transtorno por déficit de atenção/hiperatividade (TDA/H) podem ser uma forma de expressão clínica da SAF, a forma leve desta curiosa entidade (Lima, 2005).

Neste mesmo aspecto, o EEG e o mapeamento cerebral podem trazer pequena e efetiva contribuição. Em geral, as alterações do traçado são inespecíficas e difusas. Contudo, uma alteração especial é a presença de ondas delta e teta, sugestiva de lentificação relacionada ao processo de hipodesenvolvimento ou imaturidade funcional. É curioso observar que há muito tempo já se correlaciona as ondas lentas, principalmente de localização posterior, ao atraso do desenvolvimento orgânico-funcional do cérebro, e supõe-se tratar de uma alteração, ainda não inteiramente aceita, presente nos exames de pacientes com TDA/H, com muita freqüência. Em nossa experiência clínica com este distúrbio, consideramos esta observação bastante pertinente e coerente.

Os testes neurocognitivos são ferramentas bastante úteis na avaliação das funções cognitivas e comportamentais. Tendo sido pouco utilizados há alguns anos, estes exames atualmente voltaram a ser mais aplicados. Nos pacientes com SAF é muito importante fazer uma avaliação de outras funções cognitivas, não só para o diagnóstico, mas também para a orientação terapêutica e psicopedagógica.

Incluímos nos exames de avaliação funcional das pacientes com SAF a avaliação psicopedagógica, não só para um melhor diagnóstico clínico, mas também para a elaboração da estratégia multidisciplinar, na qual, de acordo com a nossa experiência, o papel do pedagogo é de enorme importância. Por outro lado, o foco no processo pedagógico irá permitir uma forma de avaliação dos resultados terapêuticos em períodos posteriores. O bom desempenho nas atividades escolares é um parâmetro útil para a conduta terapêutica; é também uma forma de avaliar as habilidades e/ou as dificuldades do entrosamento social, uma das preocupações da equipe terapêutica.

Outros exames complementares são importantes e até indispensáveis, a depender do quadro clínico presente. Deve-se levar em conta que a SAF pode cursar com malformações de outros órgãos. Em nossa experiência, tivemos casos de cirurgia cardíaca para correção de disfunção em pacientes assintomáticos. Assim, caberá ao médico descobrir as outras possíveis alterações funcionais e realizar os exames necessários.

■ CONDUTA TERAPÊUTICA

O tratamento da SAF está baseado em ações de múltiplos profissionais (equipe multidisciplinar) de forma integrada, para favorecer a abordagem do problema clínico que é, por natureza, complexo. Assim como se procede em outras condições clínicas semelhantes, ou seja, doenças crônicas que cursam com longos períodos de atendimento por vários especialistas, o paciente com SAF, por ser uma condição crônica e definitiva, precisa da atenção desses especialistas de acordo com as suas necessidades. Entretanto, alguns aspectos peculiares da SAF fazem com que a estratégia do atendimento seja diferenciada em relação às outras doenças crônicas, neurológicas e/ou psiquiátricas.

A primeira ação necessária é reconhecer a condição clínica e sua forma, de acordo com a classificação clínica de referência. A SAF, em síntese, é uma condição clínica patológica resultante da ação teratogênica (tóxico-metabólica) do álcool etílico sobre o organismo fetal (ou embrionário), ou seja, durante a delicada e vulnerável fase de crescimento, diferenciação e desenvolvimento dos diversos tecidos e órgãos (gestação).

Em face desta constatação (*"não há SAF sem álcool"*)*, as conseqüências deletérias do etanol podem, portanto, dentro da lógica do raciocínio clínico (e etiopatogênico), traduzir-se por um espectro de manifestações que varia das formas mais graves – decorrentes do grande comprometimento orgânico (abortamento e morte perinatal; manifestações clínicas, em geral, não considera-

*Grifo do autor.

das) – às formas moderadas (como a descrição principal e clássica de Lemoine e Jones) e leves (formas com menor expressão clínica e, às vezes, subclínicas) (Tabela 8.2).

Naturalmente, o atendimento preconizado comumente se refere à forma leve, cujas manifestações são mais da esfera neuropsicológica e comportamental e não apresentam os estigmas morfológicos (dismorfias faciais), ou, se presentes, são discretos, podendo estes atenuarem-se com o próprio crescimento somático da criança, que fica com aparência igual à das outras crianças ou adolescentes. Portanto, embora esta forma não seja ainda alvo de maior atenção, alguns autores (Streissguth, 2001; Lima, 2005) vêm dando maior enfoque e mostrando a necessidade de se identificar estes quadros clínicos no dia-a-dia, pois talvez sejam bem mais prevalentes do que se imagina. Esta é ainda uma questão polêmica e que merece estudos mais amplos e aprofundados.

A nossa experiência se assemelha à de outros profissionais, com pequenas diferenças no que concerne ao atendimento da SAF (formas moderadas e leves). Para tal, criamos, em 2002, com o apoio de uma equipe multidisciplinar que já trabalhava no CEPRAL – INDC/UFRJ*, o "Núcleo de Atenção Integrada de Síndrome Alcoólica Fetal – NASAF", como subprojeto acadêmico vinculado às nossas atividades de ensino, pesquisa, extensão e assistência. Assim, médicos – neurologistas, psiquiatras e pediatras, enfermeiros, psicólogo, assistentes sociais e psicopedagogos, além dos estagiários, constituíram a equipe multiprofissional básica para adequado atendimento. As ações e os procedimentos eram inerentes às necessidades apresentadas pelos pacientes, levando-se em conta algumas características próprias da SAF. Chamamos a atenção para o fato de que, apesar de se tratar de um processo definitivo, o cérebro com atraso de desenvolvimento (imaturo ou hipodesenvolvido funcionalmente) responde às estimulações e às demandas com algum (maior ou menor) desenvolvimento como um todo. Isto quer dizer que, apesar de

*CEPRAL: Centro de Ensino, Pesquisa e Referências de Alcoologia e Adictologia da UFRJ.

alguns déficits, o paciente desenvolve habilidades mentais (cognitivas) e/ou psicomotoras de acordo com seu maior ou menor potencial.

Deste modo, os pacientes encaminhados para o NASAF/CEPRAL/UFRJ eram então avaliados pela equipe no sentido da elaboração do diagnóstico biopsicossocial e pedagógico. A partir deste ponto, o atendimento multidisciplinar era instituído com base no programa estabelecido. Basicamente, o atendimento médico, psicológico, social e pedagógico era instituído para os pacientes, na dependência das possibilidades dos mesmos com relação aos recursos materiais de suas famílias ou responsáveis. Deve-se observar que a nossa clientela era de usuários do sistema público de saúde, geralmente com poucos recursos, o que, muitas vezes, não permitia melhor atendimento, em face das carências conhecidas.

Um aspecto importante do atendimento é a atenção dada à família, e, em especial, à mãe (grupo de mães), visando oferecer não só o necessário apoio psicológico, mas também orientação sobre como lidar com os problemas inerentes à situação e a presença freqüente de um sentimento de culpa, o que demandava um cuidado especial.

O atendimento pedagógico é um dos aspectos importantes nas estratégias terapêuticas, pois, além de buscar o melhor desempenho escolar possível na própria escola ou em centros de ensino especializados, tem como objetivo preparar o paciente para alguma capacitação profissional compatível com o potencial individual. Em centros avançados de atendimento, a inserção social dos pacientes com deficiência motora e/ou cognitiva é uma das preocupações destas instituições, que buscam os diversos recursos (materiais, financeiros, humanos etc.) na própria comunidade ou nos órgãos públicos.

Os casos de SAF leves e/ou subclínicos, nos quais as manifestações clínicas se expressam apenas por distúrbios cognitivos e comportamentais, como p. ex., a síndrome do transtorno de déficit de atenção/hiperatividade (TDA/H) secundário, que representa em alguns casos uma forma de SAF – ou, como preferem alguns autores, efeitos do álcool sobre o feto (EAF), eram atendidos pela equipe com a mesma orientação biopsicossocial e pedagógica. É interessante observar nestes casos a melhora clínica com o tratamento farmacológico semelhante aos dos pacientes com TDA/H primário. A utilização de derivados do metilfenidato (Ritalina® R) e da imipramina (Tofranil® R), drogas estimulantes, promove melhoras clínicas significativas em grande parte dos pacientes. Estas melhoras favorecem, a abordagem em procedimentos psicológicos e pedagógicos (Lima, 1985, 2005, 2006; Streissguth, 1997, 2001).

■ AÇÕES E ESTRATÉGIAS DE PREVENÇÃO

"A SAF é, relativamente, uma doença 100% previsível e 100% evitável".* Esta observação mostra a importância fundamental das ações e estratégias de prevenção, sendo, portanto, uma condição que deve ser vista pelo ângulo da saúde pública com ênfase na informação e na educação, envolvendo os programas de atenção básica de saúde, como, p. ex., o PSF (programa de saúde da família).

É necessário, a exemplo de alguns países (EUA, França etc.), o estabelecimento de políticas públicas que promovam ou favoreçam ações e estratégias específicas. Neste sentido, campanhas de informação abrangendo toda a população através dos mais diversos meios de comunicação (prevenção primária) seriam de grande relevância prática. Nesta ação de cunho mais amplo, os diversos segmentos sociais – escolas, universidades, empresas, comunidades especiais e outras instituições públicas e privadas – devem ser envolvidos pelas campanhas.

Como estratégia de prevenção é importante considerar o grupo de mulheres e jovens, em idade de procriação, como público-alvo de ações mais diretas sobre o risco da ingestão de bebidas alcoólicas durante a gravidez: *"Se beber não engravide, se engravidar não beba"*.* Deste modo, os serviços de pré-natal são aqueles nos quais cartazes e folhetos deveriam ficar expostos e disponíveis para este público.

---

*Grifo do autor.

No que concerne ao aspecto legislativo (político), o Estado do Rio de Janeiro foi pioneiro na instituição da lei específica para a SAF. O projeto da Lei 2.909/2002, de autoria da Deputada Heloneida Studart, foi aprovado na Assembléia Legislativa do Estado do Rio de Janeiro e homologado no ano seguinte, "autorizando" o poder executivo a instituir o Programa de Prevenção da Síndrome Alcoólica Fetal". Na verdade, a nossa sugestão na época era usar o termo "determinando" ou "obrigando" o Governo Estadual a instituir o referido Programa, uma vez que "Saúde é um direito do cidadão e um dever do Estado".

Em 1999, o Congresso americano, contando com a parceria de órgãos de saúde do próprio Governo e outras instituições, criou a Força Tarefa Nacional sobre a Síndrome Alcoólica Fetal e Efeitos do Álcool sobre o Feto (*National Task Force on Fetal Alcohol Syndrome and Fetal Alcohol Effects*) com o objetivo de estabelecer ações e estratégias preventivas em todo o território dos EUA (Centers for Disease Control and Prevention, 2002).

Na França, em 2005, foi discutida e aprovada a lei que obriga a Indústria de bebidas a colocar no rótulo das garrafas uma advertência de que o álcool apresenta sério risco para saúde do feto. Naquele país, após grande batalha legislativa, a senadora Anne-Marie Payet (Titran, 2005) obteve marcante vitória contra o pesado *lobby* dos vinicultores e políticos coligados, considerando-se a representação simbólica do vinho neste país. Nos EUA e no Canadá, esta lei já está em vigor há muitos anos. No Brasil, uma lei como esta tem toda a pertinência e pode passar a ser uma boa empreitada a partir de agora. Seria de grande valor preventivo que, no Brasil, a indústria de bebidas alcoólicas também fosse obrigada a colocar advertência no rótulo dos seus vasilhames, a fim de alertar o consumidor quanto ao risco de usar álcool no período da gravidez.

Naturalmente, em todos os países com elevado padrão de consumo, a indústria de bebidas alcoólicas se posicionou contra estas iniciativas. Portanto, será necessária a união dos diversos segmentos da sociedade para, juntamente com as autoridades da saúde, da educação e da segurança pública, agir no sentido da prevenção dos problemas relacionados ao uso, abuso e à dependência de álcool.

No Brasil, outra questão polêmica é relativa à propaganda maciça da cerveja, que não tem qualquer restrição de horário para veicular suas mensagens, sempre incentivadoras do consumo e ligadas a situações prazerosas. Note-se também que o apelo sexual está presente na maioria dos produtos publicitários. Assim, medidas controladoras desta publicidade "agressiva", estimulante do consumo, precisariam ser implementadas.

É interessante também chamar a atenção para uma situação polêmica que ocorre no Brasil desde que foi assinada uma lei (1994) autorizando a liberação de horário para a propaganda de cerveja, lei esta apoiada na errônea concepção de que a cerveja seria uma bebida mais fraca, por ter somente 5% de teor alcoólico. É do conhecimento de todos que lidam com esta questão que o conteúdo de álcool puro é o mesmo por dose padrão para as bebidas alcoólicas, ou seja, cerca de 10 a 12 g de álcool puro por dose. Assim, uma taça de vinho (12% de teor alcoólico) ou uma dose de cachaça ou uísque (40% de teor alcoólico), ou uma lata de cerveja ou um copo de chope têm a mesma quantidade de álcool puro. Logo, não existe bebida leve. O argumento baseado no teor alcoólico menor (5% da cerveja) é, portanto, um grande equívoco. É de interesse para a saúde pública rever este critério e regulamentar a propaganda de bebidas alcoólicas como deve.

É um sério e perigoso engano, comum entre alguns jovens, achar que a cerveja é uma bebida leve, e que por isso podem consumi-la livremente, em maior quantidade. As conseqüências deste engano se manifestam em sérios problemas de saúde e de segurança, muitas vezes fatais. Faz-se necessário que o maior número de pessoas tenha conhecimento desta questão, visando mudar tal lei e assim restringir a livre propaganda de bebidas alcoólicas. Com certeza, a exemplo de outros países, medidas de controle e de prevenção do consumo (nocivo) de bebidas alcoólicas poderão ser implantadas por meio de campanhas baseadas em dados e informações responsáveis e na educação. As "tragédias anunciadas", suas conseqüências e prejuízos, como SAF e outros agravos sobre a saúde, muitas vezes fatais (acidentes de trânsito e de trabalho, homicídios etc.), poderão ser, a curto e médio prazos, efetivamente reduzidos e/ou minimizados pelas ações preventivas adotadas. Assim, neste contexto, estaremos a caminho de melhores posições no que concerne ao chamado índice de desenvolvimento humano (IDH) de países mais desenvolvidos. É isto que nós desejamos para o Brasil? A resposta parece óbvia.

COMENTÁRIOS FINAIS

No Brasil, as conseqüências e prejuízos relacionados ao uso e abuso de bebidas alcoólicas, como já foi dito, tendem a aumentar, em face da elevação significativa da produção e consumo. Diante desta ameaça e da falta de conscientização da sociedade como um todo, as conseqüências e prejuízos relacionados a SAF representam um dos mais sérios e importantes problemas de saúde pública a serem enfrentados nos dias de hoje. Por este e outros motivos já enfatizados, a prevenção intensiva e continuada é uma das mais importantes medidas a serem tomadas pelas autoridades de saúde e de outros órgãos vinculados aos cuidados da criança e dos adolescentes.

Deve-se observar que a SAF é totalmente previsível e, portanto, 100% evitável, cabendo, tão-somente, favorecer intensamente a informação e educação como estratégias de prevenção. Se a mulher grávida não consumir bebidas alcoólicas, não existe risco de SAF. Isto parece ser um grande desafio que, no entanto, podemos vencer.

CAPÍTULO

9

O Álcool, a Saúde do Trabalhador e a Empresa

ASPECTOS HISTÓRICO-CULTURAIS

Passaram-se séculos e séculos, e as bebidas alcoólicas foram se popularizando através dos tempos, tornando-se um marco nas diversas civilizações espalhadas pelo mundo, em face das suas conhecidas peculiaridades. A Revolução Industrial, permitindo com seus avanços a produção de bebidas em larga escala, tornou o álcool barato e acessível a todos, mormente, a partir do século XIX. A partir daí, a oferta de bebidas alcoólicas nas suas mais diversas apresentações (cerveja, vinho, cachaça, uísque, vodca, saquê, rum etc.), a produção e o consumo de álcool continuaram crescendo durante todo o século XX, a ponto de tornarem-se, em face das conseqüências e prejuízos relacionados ao uso, abuso e dependência, um dos principais problemas de saúde e de segurança públicas nas últimas décadas deste mesmo século.

Os agravos sobre a saúde, no seu espectro biopsicossocial, atingindo o indivíduo e sua família, representam para todos, nos mais diversos recantos do nosso planeta, uma das mais importantes questões da sociedade moderna. O Brasil, juntamente com diversos países desenvolvidos ou não, se inscreve entre os que enfrentam os mais sérios problemas decorrentes do uso, abuso e dependência de bebidas alcoólicas, tendo lugar destacado entre os maiores produtores e, naturalmente, entre os maiores consumidores de álcool no mundo.

Nas últimas décadas, vários estudos vêm mostrando as graves conseqüências e prejuízos do alcoolismo no ambiente de trabalho, repercutindo sobre a saúde dos empregados e das empresas.

Neste sentido, várias empresas, sobretudo, em países como os EUA e alguns da Comunidade Européia, passaram a adotar "Programas de Apoio ao Empregado e à Empresa" (PAEE), como estratégia para enfrentar estes problemas. No Brasil, diversas empresas também passaram a desenvolver tais programas com o mesmo objetivo, a partir da experiência americana do *Employe Assitance Program* (EAP) pois que, os prejuízos e agravos sobre a saúde são enormes, bem maiores do que se habitualmente imagina. Em nosso país, somente 50% das empresas adotam programas desse tipo.

A constatação deste fato tem sido cada vez mais consistente, obrigando, assim, a inevitável necessidade de tais Programas.

■ ÁLCOOL E TRABALHO: IMPACTOS DOS PROBLEMAS RELACIONADOS

Faz-se necessário aqui, à guisa de esclarecimentos, alguns comentários técnicos e conceituais mais atualizados, favorecendo uma melhor abordagem do alcoolismo entre os trabalhadores, tomando por base dados e visões mais modernos (OMS), apesar da legislação trabalhista brasileira estar, ainda, fortemente apoiada no texto da consolidação das leis do trabalho (CLT) de 1943.

A própria OMS e diversos outros autores têm mostrado que o conceito dependência química (DQ) que vigorou no período das últimas décadas do século XX estava bastante apoiado no modelo médico do alcoolismo e na perspectiva da saúde mental, como, ainda hoje, persiste largamente entre muitos profissionais. Contudo, no final da década de 1990, a OMS e muitos centros especializados, nos EUA e na Comunidade Européia, passaram a dar outro enfoque, levando em conta que, muitas das vezes, os agravos sobre a saúde e as conseqüências e prejuízos no trabalho estavam relacionados com o uso e abuso de álcool mais do que com a dependência. Assim, de modo mais coerente, o termo "problemas relacionados ao álcool e outras drogas" (PRADs) passa ser mais utilizado do que simplesmente dependência química (DQ), ampliando, assim, o enfoque desta complexa questão, incluindo outros problemas relacionados, direta e indiretamente, com o uso nocivo e com o abuso eventual, de bebidas alcoólicas.

Dentro da visão mais conservadora, portanto, o alcoolismo só ocorre quando o indivíduo (trabalhador) é alcoólatra, ou seja, está no "fundo do poço, no fim da linha", com doenças mais graves, degenerativas, algumas vezes irreversíveis. Neste enfoque, os pacientes têm em geral doenças já bastante constituídas, com lesões ou distúrbios em vários órgãos, levando a quadro do tipo falência múltipla de órgãos secundária ao alcolismo (FMO – Álcool), com prognóstico reservado (Lima, 2003).

Assim, no tocante à saúde do empregado e da empresa, interessa os "problemas relacionados" que estão mais freqüentemente vinculados ao uso e abuso do álcool do que a um quadro de dependência química propriamente dita. Neste caso, passam a ser de interesse para o Programa, situações de abuso de álcool nos fins de semana, em casa, fora da empresa, mas, que ao longo do tempo, poderão repercutir nas "faltas das segundas-feiras", na queda da produtividade durante a semana, nas licenças médicas repetidas, nos acidentes de trabalho e/ou de trânsito, nas aposentadorias precoces, nos distúrbios familiares que afetam o humor e o estado de equilíbrio psicológico necessário a todos etc., conseqüências e prejuízos que o Programa pretende evitar e/ou minimizar por meio da maior abrangência da questão com ênfase na atenção preventiva. Na Tabela 9.1 podemos observar a extensa relação de problemas e situações relacionadas com o álcool no trabalho.

Considerando recentes estudos da Secretaria Nacional Antidrogas (SENAD), realizados em parceria com CEBRID-UNIFESP (Carlini, 2006), cerca de 12,3% da população brasileira tem sérios problemas relacionados ao abuso/dependência de álcool, sendo a prevalência entre os trabalhadores estimada entre 15% a 25%. Esta estimativa pode até ser maior se considerarmos, o conceito de "problemas relacionados ao uso/abuso do álcool e outras drogas (PRADs)", como é proposto pela OMS. Em determina-

Tabela 9.1 ■ Problemas e situações relacionados ao uso/abuso de álcool (e de outras drogas) no ambiente de trabalho

A. Conseqüências diretas
   1. Absenteísmo
   2. Atrasos freqüentes (2ª feira, p. ex.)
   3. Redução de produtividade
   4. Licenças médicas mais freqüentes
   5. Acidentes de trabalho e de trajetos
   6. Afastamentos prolongados por doenças
   7. Aposentadorias precoces (ou antecipadas)

B. Conseqüências indiretas ou circunstanciais
   1. Doenças crônico-degenerativas (p. ex., cirrose, cardiopatia, encefalopatia)
   2. Distúrbios ou manifestações neuropsiquiátricas (distúrbios de conduta ou comportamento, depressão, déficit de atenção)
   3. Co-morbidades (doenças agravadas pelo alcoolismo)
   4. Efeitos de atos de violências no ambiente de trabalho
   5. Problemas familiares, diretos ou indiretos ao alcoolismo
   6. Questões com a Justiça relacionadas (dentro ou fora do ambiente "trabalho")
   7. Acidentes de trânsito e suas conseqüências

C. Outras conseqüências e problemas envolvendo o empregado usuário de álcool (e outras drogas)
   1. Situações de negligência e descuidado com tarefas de maior risco ou comuns
   2. Pequenos acidentes por falta de atenção (déficit secundário de concentração)
   3. Furtos dentro da empresa ou fora
   4. Falhas de conduta ou com normas de segurança
   5. Distúrbios nas relações interpessoais e com as chefias, ou supervisores
   6. Problemas financeiros ou dúvidas constantes
   7. Agressividade e irritabilidade como sintomas de distúrbios da ansiedade ou depressão
   8. Outros

das circunstâncias, o uso de bebidas alcoólicas durante o horário do expediente representa sérios riscos para o desenvolvimento adequado das tarefas e até mesmo de acidentes no trabalho, que podem ser pequenos ou grandes.

Considerando-se que cerca de 15% a 25% dos empregados possam estar com algum problema relacionado, o montante de prejuízos em termos econômicos é bastante elevado. Os estudos americanos apontam para gastos de mais de US$ 150 bilhões/ano (Edwards, 2005). Embora não existam dados brasileiros mais consistentes, estima-se que o alcoolismo em geral represente, para o nosso governo, gastos de cerca de R$ 150 bilhões/ano, ou seja, aproximadamente três vezes o orçamento do Ministério da Saúde ou 7,0% do PIB brasileiro, levando-se em conta o exercício de 2006. Dentro desse montante, boa parte representa gastos das empresas e do governo com as conseqüências do uso/abuso de bebidas alcoólicas pelos trabalhadores. Os gastos da Previdência Social (INSS) para pagar benefícios e aposentadorias precoces ou pensão por mortes decorrentes das doenças alcoólicas são bem mais elevados do que se registra (Melo, 2005).

No que se refere aos custos diretos e indiretos, e outros que são difíceis de serem dimensionados (familiares, colegas, meio-ambiente etc.), estudos americanos mostram que os trabalhadores alcoolistas em relação aos não-alcoolistas, apresentam efetivas diferenças, tais como:

- faltas ao trabalho 10 a 15 vezes mais (abuso freqüente de bebidas alcoólicas nos finais de semana, comemorações esportivas, festas etc.);
- envolvem-se quatro vezes mais em acidentes de trabalho ou de trânsito;
- tiram em média de quatro a seis vezes mais licenças médicas para tratamento de doenças ou distúrbios relacionados ao abuso do álcool;
- aposentam-se 5 a 10 anos antes do tempo, o que representa perda de mão-de-obra mais qualificada e mais peso para a Previdência Social;
- têm 20% a 30% de queda de produtividade, o que não é muito bem avaliado;
- provocam perdas de produtos por defeitos de fabricação (falta de atenção ou concentração) com mais freqüência do que os não-alcoolistas.

Segundo dados destes estudos mencionados sobre consumo de drogas no local de trabalho, vale salientar, ainda, que os custos estimados passaram dos US$ 150 bilhões/ano nos últimos anos. No Brasil, embora não existam dados mais consistentes, podemos estimar, *grosso modo*, que os custos oscilem por volta dos R$ 50 bilhões/ano. Depreende-se desta constatação o quanto se faz necessário observar com mais rigor os custos, diretos e indiretos, relacionados ao uso do álcool no local do trabalho.

Vale mencionar aqui outros dados destes mesmos estudos:

- 74,3% dos consumidores de drogas estão empregados;
- 40% das mortes e 47% dos ferimentos ocorridos no local de trabalho estão relacionados ao abuso de bebidas alcoólicas;
- 60% dos funcionários vendem drogas para outros funcionários no ambiente de trabalho.

Deve-se observar ainda, que ocasionalmente pode haver acidentes que acarretem prejuízos vultosos, além do comprometimento da imagem da empresa e das conseqüências legais, como recentes notícias sobre grandes acidentes e suas repercussões sobre o meio-ambiente (p. ex., derramamento de óleo no Mar do Norte, da Exxon-Valdez/Alsken/EUA).

Deste modo, a implantação de programas de atenção e prevenção aos empregados das empresas têm sido cada vez mais freqüentes. Outro aspecto de interesse para o nosso trabalho, é o que diz respeito ao "perfil de consumo" de álcool (ou outras drogas), que se distribui da forma descrita na Fig. 9.1, apresentando pequenas variações de um estudo para outro.

Esta distribuição mostra que, na população de trabalhadores, estaremos lidando mais com a categoria de uso e abuso do que com a dependência (DQ), pois, devido ao grau de comprometimento clínico (doenças instaladas), o trabalhador/empregado dependente deverá estar possivelmente afastado ou até mesmo aposentado.

Ainda hoje, os médicos, em geral, e os diversos segmentos da área da saúde e de outras áreas, se posicionam diante dos pacientes com postura que dificulta compreender a necessidade da intervenção precoce (prevenção, redução de danos maiores), sem esperar a constituição do quadro mais avançado, ou seja, o "dependente químico" com os seus prejuízos psicológicos, sociais e econômicos. Portanto, a estratégia mais adequada, que precisa ser mais bem considerada pelos médicos e demais

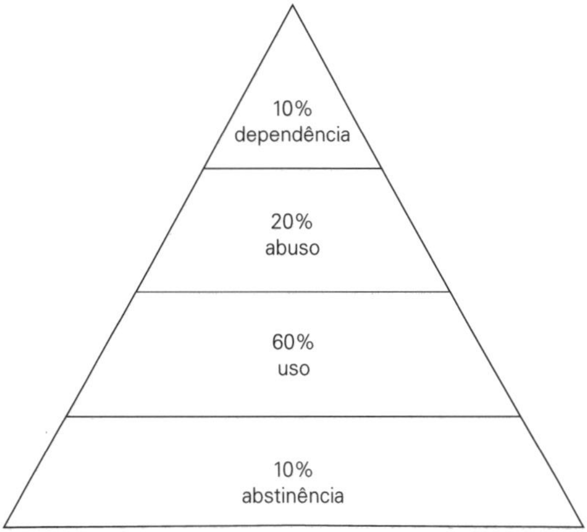

Fig. 9.1 ■ Perfil de consumo de bebida alcoólica. (*Fonte*: Lima, 2003).
Obs.: No Brasil, segundo Carlini (2006), o índice de dependentes alcança 12,3% da população estudada (12 a 65 anos), de acordo com o II Levantamento de Uso de Drogas Psicotrópicas (SENAD/CEBRID, 2006).

profissionais da saúde nesta nova abordagem, é a proposta pela OMS, que amplia o espectro da dependência química para a dimensão da saúde pública, ou seja, problemas relacionados ao álcool e outras drogas (PRADs), sobretudo no ambiente do trabalho, no qual a empresa pode insistir na prevenção mais do que no tratamento, baseando-se numa melhor relação custo/ benefício e na resolutividade.

■ ALCOOLOGIA: VISÃO SISTÊMICA DO ALCOOLISMO

É de muito tempo o reconhecimento das diversas repercussões do álcool no comprometimento biopsicossocial.

Assim, as doenças e distúrbios mais comuns (cirrose, intoxicação aguda, alterações neurológicas e psiquiátricas, distúrbios neuropsicológicos precoces, gastrite ou úlceras, miocardiopatias dilatadas, síndrome alcoólica fetal, problemas de violência – homicídios, agressões, acidentes de trânsito, acidentes de trabalho etc.), são identificados sem maiores dificuldades diagnósticas; contudo, por questões de subestimação da relação com o álcool, deixam de ser valorizadas como deveriam.

Tradicionalmente, valoriza-se, em geral, a forma do alcoolismo crônico ou dependência, já com progressão de anos e lesões orgânicas graves instaladas, e, muitas vezes, praticamente irreversíveis. O chamado "fundo do poço", com toda a série de perdas e danos pessoais, familiares, profissionais, econômicos etc., é o estágio avançado do alcoolismo no qual se concentra a atenção de todos e se buscam os procedimentos médicos para avaliação e tratamento por meio da internação. Nesta fase, o paciente já não trabalha, está de licença médica prolongada ou mesmo aposentado (ou demitido), e, certamente, já é portador de doenças crônico-degenerativas (tóxico-metabólica) envolvendo vários órgãos chegando, inclusive, a situações de insuficiência de diversos órgãos (falência múltipla de órgãos (FMO) secundária ao alcoolismo) crônico (Lima, 2003).

No que concerne à saúde do trabalhador, a visão sistêmica do alcoolismo permite observar que muito antes da fase de dependência, manifestações e distúrbios ligados ao abuso, e até ao uso, podem ser identificados e tratados por meio de intervenção precoce e de prevenção, com menores custos e maior resolutividade. Neste sentido, o setor de saúde da empresa, habilitado para tal, poderá desenvolver vigilância da saúde e evitar ou minimizar muitos prejuízos em termos de saúde do empregado e da economia da empresa, por meio de programas de atenção integrada e de prevenção dos problemas relacionados ao uso/abuso do álcool.

São estas as proposições para o enfrentamento dos problemas relacionados ao álcool que alguns países, tais como a França e Portugal, entre outros, vêm adotando nos últimos anos, incorporando-as às políticas de saúde dos governos. A partir dos anos de 1980, de modo mais efetivo, nestes países, os diversos profissionais da saúde e áreas afins passaram a adotar e a seguir o conceito da Alcoologia, que favorece a visão sistêmica do alcoolismo (Lima, 2003).

É interessante considerar, aqui, ao se pretender tratar do álcool no ambiente de trabalho, a questão das bebidas alcoólicas e seu teor alcoólico.

Vale ressaltar, como parte da nossa cultura que o consumo abusivo de cerveja nas mais diversas ocasiões, pela população mais jovem, incluindo aqui os trabalhadores, é feito de modo abusivo. Hoje, no Brasil, o número de problemas relacionados ao álcool está possivelmente vinculado ao consumo excessivo de cerveja, conforme se pode constatar nos eventos festivos onde a bebida está "liberada" e seu preço reduzido ao máximo (uma lata pode chegar a 10 centavos), e nos acidentes e violência verificados após os mesmos e nos fins de semana.

Considerando este ponto e chamando a atenção para a facilidade dos pontos de oferta de cerveja em torno dos locais de trabalho (vale mencionar, também, em torno das universidades), faz-se necessário observar nos projetos de atenção e prevenção, ações que chamem a atenção para este aspecto facilitador do acesso e do consumo.

Como informação, a Tabela 9.2, sobre o teor alcoólico das diversas bebidas, serve de orientação para o fato de que a quantidade de álcool puro na cerveja (lata ou chope) é a mesma que existe numa taça de vinho ou numa caipirinha.

Esta tabela mostra que cerveja não é bebida fraca e, portanto, as pessoas devem tomar o devido cuidado para o risco de consumo abusivo e suas conseqüências, como já foi mencionado.

Tabela 9.2 ■ Teor alcoólico das bebidas/dose padrão

Tipos de bebidas	*Teor alcoólico*	*Volume (dose padrão)*	*Quantidade de álcool puro*	*Alcoolemia (taxa de álcool no sangue)*
Cerveja	5%	300 ml	12-13 g	± 0,2 g/l
Vinho	12%	150 ml	12-13 g	± 0,2 g/l
Cachaça	40%	40 ml	12-14 g	± 0,2 g/l

(Lima, JMB. Alcoologia – UFRJ/2003).

PROGRAMA DE APOIO AO EMPREGADO E À EMPRESA (PAEE)

O uso e abuso do álcool representam um efetivo risco para o trabalhador e para empresa, na perspectiva das conseqüências e dos prejuízos decorrentes. Nas últimas três décadas, aumentou significativamente o número de empresas que instituíram os chamados PAEE, em face do efetivo aumento de produção e consumo de bebidas alcoólicas em grande parte dos países. Em alguns países, como os EUA, tais programas tiveram grande desenvolvimento, em função do grande aumento do consumo entre os trabalhadores (Edward, 2005). Diversos estudos apontam para vários problemas relacionados com o álcool (e outras drogas) que justificaram a adoção destes programas, conforme podemos observar na Tabela 9.3.

Diante dos dados relativos aos PRADs, sobretudo no que concerne às bebidas alcoólicas consideradas a principal droga (substância psicoativa) lícita e incentivada no seu consumo, muitas empresas passaram a implementar verdadeiras políticas específicas para atacar as principais conseqüências e prejuízos relacionados ao uso, abuso e dependência de álcool e de outras drogas por seus empregados. Em nosso país há pouco mais de 10 anos, o número de empresas que passaram a adotar esses políticas vem crescendo, embora ainda sejam poucas (cerca de 5%)

Tabela 9.3 ■ Problemas relacionados ao álcool e outras drogas (PRAD) entre trabalhadores segundo estudo do Departamento de Saúde e de Serviço Social do EUA (SAMHSA-2003)

- 74,3% dos empregados relatam consumo de drogas ilícitas;
- 76,4% dos adultos abusadores ou dependentes estão empregados;
- 40% dos acidentes de trabalho com mortes estão relacionados ao consumo de álcool;
- 40% dos empregados usuários de drogas já cometeram furtos ou roubo dentro e fora da empresa;
- risco de acidentes de trabalho cinco vezes maior entre os usuários de álcool e outras drogas;
- afastamento por licenças médicas 3 a 4 vezes maior entre os usuários de álcool;

Fonte: Estudo da SAMSHA – EUA, 2003.

em comparação com os países mais desenvolvidos. Vale observar que a conscientização maior desses problemas nos últimos 15 anos contribuiu efetivamente para este momento.

A elaboração e implementação dessa política deve ser parte de um plano de ação de toda a empresa envolvendo todos os níveis de participação, desde a presidência, diretorias e os demais escalões. Em algumas, até as empresas terceirizadas ou parceiras (subcontratadas), são cobradas no que tange a desenvolverem programas deste tipo para os seus empregados. Geralmente, os departamentos de recursos humanos, ou de administração de pessoal, além do setor de saúde e de segurança são os setores onde as conseqüências e prejuízos são mais notados e avaliados, apontando para a necessidade de ações efetivas de enfrentamento. Acidentes de trabalho ou de trajeto, conflitos interpessoais ou com as chefias, e os outros problemas relacionados apontados nas tabelas acima, registrados nos diversos relatórios dos referidos setores, irão constituir a base de argumentos e informações que serão apresentados à presidência e à diretoria da empresa como instrumento de sensibilização da alta gerência. A compreensão de que os problemas dos empregados são, naturalmente, os problemas da empresa, e, portanto, de todos, faz com que o envolvimento e o compromisso de toda a comunidade se torne mais evidente e necessário para o estabelecimento da política. Fica, também, mais fácil a participação de todos os envolvidos compreenderem suas responsabilidades e legitimidade na construção conjunta desta Política. Daí, outro aspecto merecedor de atenção: cada empresa e cada comunidade de trabalhadores desenvolverá uma política pertinente para aquela empresa, atendendo suas peculiaridades e demandas próprias. Assim, pode-se esperar melhores resultados, apesar da complexidade deste contexto relacionado com os aspectos biopsicossociais da PRAD.

As etapas de uma política de atenção e de prevenção dos problemas relacionados ao álcool e outras drogas (PRAD) no ambiente de trabalho, devem ser elaboradas a partir de um consenso entre todos os funcionários da empresa, envolvendo desde o escalão mais alto da presidência e diretorias, até os mais baixos da comunidade de trabalhadores. É de grande relevância, ao se instituir uma política desta natureza, proporcionar espaço de discussão entre todos os participantes, ou seja, de todos os empregados. Neste sentido, é de grande importância considerar as diversas características e peculiaridades da empresa, seu ambiente de produção, o perfil de população de funcionários, o clima organizacional, a natureza de seus produtos e serviços, o tipo de clientes ou de usuários, enfim, todas as características possíveis para se elaborar, então, as etapas da implementação dessa política (Tabela 9.4).

O Programa de Controle Médico de Saúde Ocupacional (PCMSO), que se dedica a diversas questões de saúde relacionadas com agravos sobre a saúde e com as doenças ocupacionais propriamente ditas, não conta, em geral, com profissionais capacitados ou habilitados para atendimento dos PRADs. Contudo, estes profissionais podem ser preparados para atender os trabalhadores com problemas do alcoolismo (e eventualmente, outras drogas) ao nível da atenção primária. Casos mais complexos seriam encaminhados para centros clínicos referenciados e credenciados (contra-referência) pela própria empresa.

Tabela 9.4 ■ Etapas de implementação de uma política ou programa de atenção e de prevenção de problemas relacionados ao álcool e outras drogas na empresa

Etapas:

1. Apresentação do programa e sensibilização pela presidência ou diretoria;
2. Elaboração do diagnóstico situacional;
3. Discussão e elaboração das metas e objetivos do programa (com toda diretoria e chefias se possível);
4. Capacitação da equipe técnica responsável pela coordenação executiva;
5. Implantação de núcleos ou setores de atendimento primário, de orientação e de encaminhamento especializado;
6. Trabalho de conscientização e de informação sobre o assunto para os empregados em geral (pode-se incluir empresas terceirizadas ou parceiras);
7. Implementação do programa de testagem de acordo com critérios estabelecidos;
8. Desenvolvimento e ampliação do programa vinculado às ações de prevenção e de promoção de saúde (SIPAT, feiras de saúde, eventos da empresa etc.);
9. Estabelecimento de relação com a rede de assistência médica especializada para os casos que precisarem de atendimento hospitalar ou centros clínicos;
10. Acompanhamento supervisionado e avaliação periódica dos resultados e de cumprimento de metas e objetivos.

Diagnóstico Situacional (DS)

O diagnóstico situacional voltado para questão do uso/abuso de álcool e outras drogas no ambiente de trabalho tem como objetivo mapear pontualmente essa questão no contexto das empresas.

Deve-se levar em conta que é uma situação delicada, por tratar de condição médico-psicológica e social com conotações ético-morais relevantes, envolvendo relação de confidenciabilidade dentro do ambiente de trabalho.

Existe, portanto, limites de ambas as partes da relação empregado/empresa que devem ser respeitados, além da utilização de contrato estabelecendo prerrogativas referentes ao tipo de trabalho. Neste sentido, não se trata de um diagnóstico de uma condição de saúde mais simples, uma vez que esta (PRAD) envolve maior complexidade.

Quando nos referimos aos PRADs, a prevalência será a classificação do comportamento de risco (uso nocivo/abuso), permitindo assim uma visão mais ampliada, o que favorece a busca de ações e estratégias mais eficazes, qualificando o trabalho de prevenção, que, além de se antecipar à instalação do problema, garante resolutividade e redução de custos, ao considerarmos despesas médicas, afastamento por licenças, acidentes de trabalho, aposentadorias precoces, sem falar dos custos indiretos, que não podem ser mensurados, como os efeitos psicológicos, sociais e ambientais.

Apesar de algumas leis versarem sobre esta questão, não existe consenso absoluto no plano jurídico. Daí termos de pautar a relação de trabalho seguindo alguns preceitos legais e baseados na jurisprudência. Esta observação se impõe em face dos aspectos do levantamento sobre PRAD e a necessidade de manter-se o anonimato, o sigilo e a confidenciabilidade exigidos neste tipo de DS.

Deve-se considerar no nível da direção superior, o necessário e prévio esclarecimento da política proposta e a sua aceitação ou consentimento para realização das etapas. A garantia de se guardar os preceitos exigidos deve ser respaldada pelo fato de ser uma ação de saúde e de segurança. Na França, por exemplo, o médico do trabalho pode realizar o exame e dar o diagnóstico de um empregado alcoolizado, porém poderá deixar de realizar um teste de alcoolemia ou divulgar o resultado por estar protegido pela lei do segredo médico. O médico fará, no fim dos atendimentos, um relatório clínico dando o diagnóstico e a conduta (*Legislation et Responsabilité, Alcoologie et Adictlogie* 2000; 22[4 Suppl] 295- 335).

Nos EUA, a lei de erradicação de drogas no local de trabalho exige ações e estratégias pertinentes ao escopo desta recomendação jurídica para todas as empresas e seus respectivos empregados, que recebem ou se beneficiam de qualquer recurso público do governo. Daí estas empresas estarem obrigadas a desenvolver trabalhos nesta direção. As empresas privadas que não dependem de qualquer recurso público, não estão obrigadas a seguirem esta lei. Contudo, qualquer cidadão deve obedecer os preceitos das leis gerais sobre o uso de drogas ilícitas e situações de abuso de álcool (Edward, CE, Escritório de Redução de Demanda – Arizona/EUA, 2005).

No Brasil, o foco das leis se dirige predominantemente para a questão penal (Lei 6.368 de 1976, entre outras), e muito pouco para a questão do trabalho.

Só mais recentemente foram elaboradas leis de maior abrangência, criando-se a SENAD em 1998 e o Sistema Nacional Antidrogas (SISNAD) por meio do Decreto-Lei 3.696/2000. Contudo, na legislação trabalhista, temos de destacar a questão da demissão por justa causa nos casos de embriaguez no ambiente de trabalho. Como se pode, ver, há muito que avançar neste campo.

CAPÍTULO

10

Álcool e Acidentes de Trânsito

Considerada uma verdadeira epidemia, os acidentes de trânsito no Brasil, em grande parte dos países ocidentais e de outras regiões do mundo, representam a primeira causa de morte em jovens de 18 a 39 anos. Segundo a OMS, morrem, em todo o mundo, por ano, cerca de 1,2 milhão de pessoas, sendo a maioria jovens. No Brasil, hoje, 2007, estima-se que morrem quase 40.000 pessoas. Os números oficiais (DENATRAN, 2006) apontam para mais de 35.000 mortes nos últimos dois anos. Deve-se observar que de 2003 a 2006, houve aumento de 10% (de 32.000, passou para 35.000 mortes) no índice de mortalidade. No que concerne aos feridos (muitas vezes graves e com seqüelas), estima-se que mais de 400.000 pessoas sofrem algum ferimento decorrente desses acidentes. Pode-se somar ainda, nos custos, os danos materiais dos acidentes sem vítimas, dentro do total de, aproximadamente, 1 milhão de acidentes de trânsito nas vias públicas em todo o território nacional.

Os custos levantados, com certa limitação, em face da subnotificação por estudos oficiais (IPEA, 2005), ultrapassam R$ 22 bilhões. Acredita-se que vão além destes valores. Contudo, conforme avaliação da OMS, os gastos diretos e indiretos com os acidentes de trânsito equivalem a cerca de 1% a 2% do PIB nacional da maioria dos países. No caso dos EUA, segundo pesquisa da agência americana responsável (National Highway Traffic Safety

Administration – NHTSA, 2002), em relatório apresentado em 2002, *The Econimic Impact of Motor Vehicle Crashes*, os custos foram de US$ 230 bilhões, cerca de 20% do PIB americano, para uma taxa de mortalidade de 41.000 pessoas/ano. Vale aqui ressaltar que, segundo este mesmo relato, 40% das mortes foram devidas à presença de álcool e representaram custos diretos em torno de US$ 50 bilhões.

Em países da comunidade européia, como a França, por exemplo, os custos chegaram a 26 bilhões de euros ou US$ 35 bilhões, conforme estimativas. De qualquer forma, os gastos tanto para países ricos como para os em desenvolvimento, são bastante elevados, além da incomensurável perda em vidas humanas.

Conforme podemos verificar na Tabela 10.1, a taxa de mortalidade no Brasil deve ocupar um dos primeiros lugares entre as dos países considerados: 20 mortos por 100.000 habitantes, segundo dados oficiais de 2006. Se levarmos em conta a população jovem, fica mais grave a nossa realidade, que condiz com os noticiários sobre tais mortes registradas no nosso cotidiano.

Outro fato relevante a merecer maior atenção é a participação de pessoas jovens, as quais representam de 60% a 70% dos mortos e feridos, como mostra a Tabela 10.1. No Brasil, esta observação é mais séria ainda pelo próprio contexto da cultura do consumo de álcool que vem aumentando a cada ano, envolvendo, além de jovens, as mulheres. Os dados do II Levantamento da SENAD (CEBRID, 2006) mostram o aumento de 10% de dependentes de álcool, de 2001 (I Levantamento) a 2006, apontando para 12,3% de incidência de dependentes em uma população de 12 a 65 anos de idade. Enquanto o aumento de dependência do álcool entre os homens foi de 7,0%, entre as mulheres foi de 13,0% (Tabela 10.2).

Contudo, o mais preocupante é a nítida tendência ao aumento de consumo de bebidas alcoólicas, principalmente de cerveja, entre os mais jovens, como, aliás, já vem sendo denunciado em diversos estudos epidemiológicos em nosso país (CEBRID, 2001, 2006). Nas faixas etárias de 12 a 17 e de 18 a 24 anos, o aumento nos últimos 5 anos foi expressivo: 30% e 25%, respectivamente. Este significativo aumento está, sem dúvida, ligado à

Tabela 10.1 ■ Taxa de mortalidade[1] nos acidentes de trânsito por 100.000 habitantes em alguns países. Taxa de mortalidade relativa à população jovem (15-24 anos) (IRTAD, 2003)[2]

País	*Mortos/100.000 hab.*	*Mortos de 15-24 anos*
Brasil	20,0	(?) "x"[3]
Portugal	14,8	21,2
Polônia	14,8	16,7
EUA	14,7	26,2
Tchecoslováquia	14,2	19,7
Hungria	13,1	11,6
Espanha	12,8	21,7
Luxemburgo	11,8	21,6
Áustria	11,5	21,8
Itália	10,5	17,7
França	10,2	20,1

[1]Morte dentro dos primeiros 30 dias.
[2]Fonte IRTAD: http://www.bast.de/htdocs/irtad
[3]No Brasil, por aproximação, a taxa de mortalidade entre jovens deve ficar em torno de 30 a 35/100.000 (JMBL).

Tabela 10.2 ■ Consumo de álcool – Percentual de pessoas com quadro de dependência do álcool (%), no período de 2001 a 2005, por faixa etária (2001-2005)

Faixa etária (anos)	*2001*	*2005*	*(>%)*
12 a 17	5,2%	7,0%	(30%)
18 a 24	15,5%	19,2%	(25%)
25 a 34	13,5%	14,7%	(10%)
+ de 35	10,3%	10,4%	(1%)
Uso de álcool na vida (relato de consumo de bebida alcoólica)			
Homens	77,3%	83,5%	(13%)
Mulheres	60,6%	68,3%	(7,0%)

Fonte: CEBRID, 2006.

maciça propaganda e aos apelos para o consumo de cerveja que são dirigidos à população jovem, que vem respondendo positivamente aos estímulos de consumo da publicidade. A própria indústria de cerveja revela ser esta a estratégia em relato no "Guia da Cerveja" (Editora Casa Dois, 2007).

Naturalmente, como é identificado em muitos outros países, o álcool representa um dos mais importantes fatores de risco nos acidentes de trânsito, nos quais a maior parte dos mortos é jovem (cerca de 70%), e a maioria dos acidentes ocorre nos fins de semana, quando o álcool está mais presente.

Para demonstrar o real significado do papel do álcool na dinâmica dos acidentes de trânsito, influenciando decisivamente a capacidade de dirigir com segurança e fazendo aumentar efetivamente o risco na condução do veículo, podemos citar dois fatos, entre tantos outros, que reforçam esta colocação. Em primeiro lugar, o caso da espetacular redução da mortalidade verificada na França, nos últimos 10 anos, quando a taxa baixou de cerca de 16.000 mortes/ano, no meio da década de 1990, para 4.975 mortes em 2006, atingindo a meta almejada pelo governo, que fez importante campanha para tal. Dentre as diversas ações e estratégias baseadas na informação, na educação e na prevenção, a forte campanha focada na fiscalização e repressão do dirigir sob efeito do álcool, de modo constante e persistente ao longo dos anos, foi de fundamental importância. Deve-se mencionar o aspecto legal, contando com severa legislação de trânsito que, além das multas pesadas, aplicava penalidades que iam desde a suspensão e perda da licença para dirigir até a detenção carcerária, dependendo do delito. Embora a taxa global de acidentes fatais tenha reduzido, a proporção de envolvimento do álcool com acidentes continua em torno de 30%.

Outra experiência marcante foi a registrada em alguns estados americanos, como a do estado de Minesotta, onde as autoridades públicas elevaram a idade permitida para o consumo de bebida alcoólica, de 18 para 21 anos. Só esta medida fez baixar em cerca de 10% a taxa de mortalidade, o que representou milhares de vidas poupadas.

Existem inúmeros relatos semelhantes que apontam a favor da relação do efetivo risco de dirigir sob efeito do álcool. Ninguém discorda dessa afirmativa.

O ALCOOL COMO FATOR DE RISCO

Considerando os dados citados anteriormente, no sentido de configurar o real papel do álcool no evento "acidente", é importante ressaltar os fatores humano e comportamental. Neste sentido, o mecanismo de ação do álcool, já reconhecido como fator inerente ao acidente, tem merecido atenção de pesquisadores e tem sido motivo de grande polêmica. Naturalmente, muitos interesses estão em jogo: os fabricantes de bebidas (sobretudo de cerveja), entidades civis e órgãos governamentais, pesquisadores, empresas de transportes e o cidadão comum (motorista, passageiro, pedestre).

O álcool etílico, ao ser consumido, atinge em poucos minutos o cérebro, como é mencionado em outro capítulo. A situação de conduzir veículo sob o efeito do álcool, significa estar diante de um risco real maior ou menor, dependendo do nível da alcoolemia (taxa de álcool no sangue), da maior ou menor suscetibilidade da pessoa, além de outros fatores (cansaço, sono, alimentação). As primeiras repercussões sobre o cérebro levam a alterações que, para o ato de dirigir, representam efetiva ameaça de acidente, conforme podemos observar na relação provável entre dose e risco (Tabela 10.3).

Como se pode observar na Tabela 10.3, mesmo a partir de pequenas doses já pode haver prejuízos das funções cerebrais, dependendo da sensibilidade de cada uma ao álcool. Outros importantes fatores agravantes estão geralmente presentes, quando, nos fins de semana ocorrem dois terços dos acidentes nas noites de festas e de diversão: cansaço, sono e alimentação deficientes.

Em estudo realizado por nós no Rio de Janeiro, e que continua a ser aprofundado, observamos que acidentes fatais ocorriam com taxa de alcoolemia abaixo de 0,6 g/l de sangue, sendo observadas taxas de 0,2 a 0,5 g/l de sangue, abaixo da recomendação do Código Brasileiro de Trânsito e do DENATRAN. Iden-

Tabela 10.3 ■ Efeitos relativos do álcool e a relação nível de alcoolemia – efeito-risco

Alcoolemia	*Efeito*	*Risco de acidente*
0,5-0,8 g/l	Desinibição Queda da vigilância Distúrbio de atenção Incapacidade de avaliação de risco Julgamento alterado	× 2 a 5
0,8 a 1,2 g/l	Perturbações da consciência, euforia, agitação Piora do distúrbio da atenção e da capacidade de julgamneto	× 10 a 20
1,2 a 2 g/l	Sinais de embriaguez, agitação Agressividade Dificuldades motoras	× 30
2,0 a 4,0 g/l	Embriaguez moderada a grave, piora da capacidade motora e de coordenação, sonolência, estado confusional	× 70
> 4,0 g/l	Sonolência, confusão mental, torpor, coma, morte	

tificamos que 30% a 35% das vítimas fatais estavam com alcoolemia entre 0,2 a 0,59 g/l, portanto, considerada legal. Daí nossa recomendação, associada à mesma opinião de outros países, de baixar a taxa permitida para 0,2 ou 0,3 g/l.

Com a devida fiscalização, seria possível estabelecer metas de redução expressiva de acidentes fatais, como vem ocorrendo em alguns países como EUA e França, que têm campanhas bem estruturadas (como por exemplo, *blitz* freqüentes nas estradas, usando o bafômetro).

Além das ações de prevenção baseadas na informação, educação e repressão, o governo francês está propondo leis para reduzir a taxa de alcoolemia a 0,2g/l, abaixo de 0,5, como é ainda hoje. Contudo, a maioria dos países europeus tem taxas de álcool entre 0,5 e 0,8 g/l, sendo 0,8 em grande parte dos EUA (Blincoe, 2002).

Outro aspecto importante que precisa ser apresentado com relação à ação do álcool no sistema nervoso (cérebro), baseado em dados das neurociências, é a questão do efeito do álcool sobre a habilidade de discernir e avaliar riscos, função ligada à integridade funcional do lobo frontal (área pré-frontal). Esta região, integrada com outras estruturas e circuitos neuronais, dá-nos a noção da realidade comum e percepção de eventuais situações de risco, como dirigir embriagado, por exemplo.

Qualquer um usará o bom senso para reconhecer o risco desta conduta quando sóbrio. Daí o sutil efeito sobre a perturbação da capacidade de discernir, a qual pode surgir, dependendo da sensibilidade, com baixos níveis de alcoolemia (abaixo de 0,6 g/l). Soma-se a isso, como agravante, o fato do cansaço e da sonolência, mormente quando, após uma noitada, ter de dirigir de madrugada, com a redução da capacidade de perceber e avaliar as dificuldades e os riscos inerentes.

Esta situação é a mais comumente encontrada, na qual a grande maioria de participantes é composta de jovens de 18 a 29 anos, como se constata no trágico registro dos acidentes de trânsito, e representa, hoje, no Brasil, a primeira causa de morte desta faixa de população. Os dados estatísticos dos órgãos oficiais, não só no Brasil, que tem posição destacada nos primeiros lugares entre os países com maior taxa de mortalidade do mundo, mas também em outros países, como França e EUA, por exemplo, apontam para os acidentes de trânsito como uma verdadeira epidemia responsável pela morte e ferimentos de milhões de pessoas em grande parte do mundo. É uma importante questão de saúde e segurança públicas a ser enfrentada.

Os fatos anteriormente descritos não podem deixar dúvidas, no que tange ao papel do consumo "perigoso" de bebida alcoólica e dos acidentes de trânsito, suas conseqüências trágicas e os enormes prejuízos para a sociedade.

■ AS MORTES ANUNCIADAS NAS ESTRADAS DO BRASIL

Nos últimos anos, o Brasil vem assistindo, no seu cotidiano, a milhares de mortes anunciadas, de certa forma evitáveis, provocadas pelos acidentes de trânsito em nossas estradas. Somos

Tabela 10.4 ■ Mortalidade *versus* acidentes de trânsito no Brasil (2006)

Relatos de uma tragédia anunciada	
Nº de mortes/ano (2006)	35.753
Nº de mortes/100.000 habs.	20
Nº de mortes/dia (Brasil)	100
Nº de mortes por hora	4
Nº de mortes a cada 15 min	1
Atendimentos/internações hosp.	15% dos leitos em hosp. gerais
População jovem (18-39 anos) envolvida	>80%
Alcoolemia confirmada em 2002	75% das vítimas fetais
Aumento da mortalidade (2002-2006)	10%

Fonte: MS/DATASUS; DENATRAN.

um dos primeiros países no índice de mortalidade por causas externas, e os acidentes são a primeira causa de morte na população jovem de 18 a 29 anos (a segunda entre todas as causas). Conforme dados recentes, morreram mais de 35.000 pessoas em 2006, como verificamos na Tabela 10.4, de acordo com estudos do Ministério da Saúde (MS/DATASUS).

Os dados da Tabela 10.4 são bastante eloqüentes quanto à gravidade do problema. Contudo, a estimativa de mortes por acidentes, segundo dados de outros autores, passa de 40.000, atualmente. Concordamos com esta observação, pois o sistema de notificação e a própria cultura do não-registro nos Boletins de Ocorrências (BO) dos hospitais, contribuem para um número bem menor do que o estimado.

Os custos globais relacionados com os danos pessoais, mortes e perdas materiais são elevados, embora sejam também subestimados. De acordo com dados recentes de pesquisa do Instituto de Pesquisa Econômica Aplicada (IPEA), passam dos R$ 22 bilhões em 2006. É preciso um trabalho mais detalhado e aprofundado das perdas secundárias para se chegar ao montante mais aproximado da realidade em termos financeiros.

Uma questão muito importante, que tem suscitado polêmica, é proposta pela ANVISA no tocante à restrição da propaganda de bebida alcoólica conforme horário a ser estabelecido, que representaria menor poder de influências sobre o excessivo consumo constatado hoje.

Conforme o exemplo de experiências estrangeiras conhecidas (já citadas anteriormente), nas quais a estratégia de combate ao uso de álcool por condutores de veículos foi a principal ferramenta para redução da taxa de mortalidade, é urgente que no Brasil se adotem providências neste sentido. Uma das razões reside no fato da atual tendência ao aumento do consumo de bebidas alcoólicas, principalmente de cerveja, pela população jovem sobretudo. Deve-se, naturalmente, ressaltar aqui que seria ingenuidade apontar exclusivamente o álcool como causa direta e primária dos acidentes e de outros atos de violência. Não se pode querer usar argumento tão simplista para fugir da necessidade de se discutir com mais propriedade o controle da propaganda de cervejas, pois seria enganoso considerar a cerveja uma "bebida fraca", pelo fato de seu teor alcoólico ser de 5%. A lei que aprovou esta regulamentação admitida pelo CONAR, permitindo a livre circulação de propaganda de cervejas com base no critério do teor alcoólico, é totalmente errônea, como já foi explicado em outro capítulo. Portanto, considerar a cerveja ou o chope como bebidas fracas é uma idéia potencialmente perigosa, por levar as pessoas, e sobretudo os jovens, a consumirem maior quantidade, achando que são menos prejudiciais à saúde e que contêm menor quantidade de álcool puro. O que se vê nos fins de semana, nas festas, nos shows, nos bares e em torno das universidades, nas chopadas etc. é uma grande quantidade de jovens consumindo, aberta e livremente, um volume excessivo de cerveja e apresentando sinais intoxicação alcoólica leve, moderada ou grave, e as conhecidas conseqüências e danos.

O risco de acidentes aumenta a cada ano, pois, conforme verificamos na Tabela 10.2, os jovens aumentaram o consumo de forma perigosa nos últimos 5 anos: em média, de 25% a 30%. Naturalmente, as propagandas influenciam de modo significativo. Por outro lado, não é mera coincidência o relevante crescimento da produção de cerveja e do seu faturamento na última década (1994-2005). O problema é que continua a aumentar a produção, o consumo, o faturamento, e as conseqüências relacionadas, entre as quais as "mortes anunciadas", provocadas pelos acidentes de trânsito.

Diante de problemas de tamanha magnitude e impacto na sociedade em geral, o Ministério da Saúde, entre outras instituições, a partir de 2001, passou a desenvolver programas focados na atenção e na prevenção dos acidentes de trânsito no Brasil. Foi assim que criou o Programa de Redução da Morbimortalidade por Acidentes de Trânsito (PRMMAT), envolvendo a Secretaria de Assistência à Saúde (SAS/MS) e a Secretaria de Vigilância em Saúde (SVS/MS), contando com o repasse de recursos provenientes do seguro obrigatório de Danos Pessoais Causados por Veículos Automotores de Vias Terrestres (DPVAT).

Esta iniciativa teve como amparo legal o Decreto 1.017, de 23 de dezembro de 1993, que coloca 50% destes recursos no Fundo Nacional de Saúde (FNS). Deste valor, 90% destinam-se à prevenção e ao atendimento das vítimas dos acidentes de trânsito e 10% destinam-se à aplicação exclusiva em programas e campanhas de prevenção e de educação sob a coordenação do Sistema Nacional de Trânsito.

Com a assinatura do novo Decreto 6.117, de 22 de maio de 2007, a respeito da Política Nacional sobre o Álcool, o governo brasileiro disponibiliza meios adequados para se estabelecer ações e estratégias com o objetivo de reduzir a morbimortalidade dos acidentes de trânsito em nosso país. Outras entidades e instituições, públicas ou privadas, organizações não-governamentais, universidades e empresas, em forma de parcerias público-privadas ou independentes, poderão ingressar, com mais intensidade, nas campanhas e nos programas destinados a alcançar a grande e importante meta, que é reduzir o número de mortos e feridos nos acidentes de trânsito em nosso país. Esta é uma campanha na qual todos, cada um na sua competência e possibilidade, estamos envolvidos de modo direto ou indireto.

Soma-se ainda a esta empreitada, em sintonia com as ações da própria OMS, juntando os esforços em nível mundial para "segurança viária, o necessário arcabouço político-jurídico da Política Nacional de Trânsito (PNT), contando com as parcerias do DENATRAN e CONTRAN, do DETRAN, dos estados e das secretarias municipais, dentro de um caráter sistêmico e solidário que abrange todo o território nacional.

O IMPACTO DO ÁLCOOL NOS ACIDENTES DE TRÂNSITO NO RIO DE JANEIRO

A cidade do Rio de Janeiro registra um dos mais elevados índices de morbimortalidade nos acidentes de trânsito entre as principais cidades brasileiras (São Paulo, Recife, Brasília, Salvador...), com características gerais semelhantes: predomínio nos fins de semana, presença de álcool na maior parte dos acidentes, população jovem (20-29 anos) predominante, mortes por atropelamento mais freqüente do que colisão direta. Um aspecto importante não só para o Rio como para demais cidades, é o aumento dos acidentes nos últimos cinco anos, conforme podemos observar na Fig. 10.1 acompanhando o aumento global registrado em todo o país.

A relação perigosa álcool e direção no Rio de Janeiro, como em algumas outras cidades do Brasil, se destaca pelo alto consu-

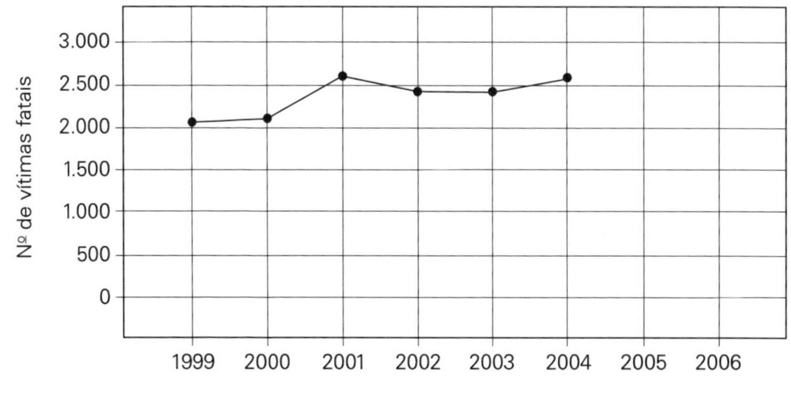

Figura 10.1 ■ Registro de mortes nos acidentes de trânsito no Rio de Janeiro no período de 1999 a 2004. *Fonte:* Inst. Segurança Pública do Rio de Janeiro (ISPRJ) (in: Moreira, 2006).

mo de álcool, principalmente, cerveja envolvendo a população jovem (18 a 29 anos). Deve-se, no entanto, ressaltar que o número de vítimas fatais nas faixas etárias mais altas, 50-59 e acima de 60 anos, tem aumentado significativamente. Enquanto o consumo médio *per capita* de cerveja no Brasil é de cerca de 50 l/pessoa/ano, no Rio chega a mais de 95 l/pessoa/ano.

Dados sobre a mortalidade dos acidentes de trânsito, na cidade do Rio de Janeiro, no período de dezembro de 2001 a fevereiro de 2002, relacionam-se com a taxa de álcool encontrada no sangue. Foram levantados, no Instituto Médico Legal, 267 prontuários de vítimas fatais de trânsito. Evidenciou-se a mortalidade diretamente acentuada de pessoas em idade produtiva. Observou-se que, do total, 88 vítimas, isto é, 32,9%, realizaram teste de alcoolemia; dessas, 33% foram positivas (a partir de 0,6 g/l no sangue) e 67% apresentaram alcoolemia negativa. Ao correlacionar alcoolemia positiva com o local de óbito, observou-se que 42,2% foram provenientes de via pública e 16,6% de hospital. Houve níveis significativos de alcoolemia em atropelamentos, colisões e quedas de moto. Evidenciou-se aumento de acidentes nos feriados e fins de semana. A pesquisa mostrou que 70,9% das vítimas com alcoolemia acima de 0,6 g/l, apresentaram níveis de alcoolemia entre 1,0 e mais que 2,0 g/l no sangue, caracterizando o abuso do álcool relacionado dos acidentes de trânsito (Abreu e cols, 2006) (Tabela 10.5).

A mortalidade relacionada aos acidentes de trânsito é considerada hoje uma das grandes questões de saúde pública, em face da sua relevância no contexto de morte violenta por causas externas. De acordo com a OMS, os acidentes de trânsito são responsáveis pela morte de 1,2 milhão de pessoas no mundo atualmente. No Rio de Janeiro e no Brasil em geral, os acidentes de trânsito representam uma séria questão de saúde, além das conseqüências sócio-econômicas relevantes que respondem por um grande índice de morbidade e mortalidade. No Brasil, os acidentes de trânsito são a primeira causa de morte de jovens na faixa de 18 a 29 anos.

Neste sentido, destaca-se o impacto da violência expressado por meio dos números elevados e crescentes, que representam indicadores negativos para o setor de saúde. O aumento da morbidade e da mortalidade, principalmente entre jovens, vem onerando progressivamente os gastos com os tratamentos hospitalares, acrescidos dos prejuízos ligados aos anos produtivos de vida perdidos. Neste contexto, entre 1980 e 1988, o número de mortes violentas aumentou em 67% no nosso país.

Podem-se considerar duas formas diferentes de expressão da violência: os eventos não-intencionais, conhecidos como acidentes, e as ações intencionais cometidas contra si mesmo ou contra terceiros (suicídios e homicídios, respectivamente). Dentre as causas não-intencionais, os acidentes de trânsito despontam como um grave problema de saúde pública; elas representam 2,3% do número total de mortes no mundo (OMS, 2002), tratando-se, portanto, da décima causa de mortalidade mundial.

No Brasil, as estatísticas apresentadas pelo Departamento Nacional de Trânsito, do Ministério dos Transportes, demonstram que, em 2000, ocorreram 286.994 acidentes com vítimas, dos quais resultaram 28.995 mortes e 378.811 feridos, não havendo registro do número de ocorrências que redundaram apenas em danos materiais (DENATRAN, 2006).

Hoje (2006), somam mais de 35 mil mortes nas estradas brasileiras. Com base nas estatísticas do Instituto de Pesquisa Econômica Aplicada (IPEA), as perdas econômicas advindas dos acidentes de trânsito situam-se entre 1% e 2% do Produto Interno Bruto (PIB) nacional, algo entre R$ 11,67 a 23,34 bilhões/ano (valores de 2000) (DENATRAN, 2006).

Os acidentes de trânsito incluem predominantemente os atropelamentos e colisões. Somente um terço das vítimas fatais nos acidentes de trânsito estava embarcado nos veículos, portanto, cerca de dois terços ocorreram por atropelamentos (Klein, 1994). Estes eventos chamam atenção não só por ocorrerem em número elevado, mas também por atingirem uma população jovem, em grande parte das vezes, sendo que é significativo o número de pessoas idosas entre as vítimas fatais.

O consumo de bebidas alcoólicas pode ser apontado como um dos principais fatores responsáveis pela alta incidência dos acidentes com vítimas fatais e lesões graves. De uma maneira geral, em vários países, costuma-se considerar que cerca de 50% dos acidentes com vítimas fatais estão associados ao uso do álcool (Pinsk, 1998).

Nos Estados Unidos, segundo dados do relatório da National Hihaway Traffic Safety (NHTS) sobre o impacto sócio-econômico dos acidentes de trânsito, apresentado pelo Departamento Nacional de Trânsito, os acidentes de trânsito são responsáveis por cerca de 41.000 mortes/ano, correspondendo a prejuízos de cerca de U$ 230,6 bilhões. Neste relatório, a influência do álcool responde por 40% de mortes, ou seja, cerca de 16.000 vítimas fatais, o que representa gastos em torno de U$ 50 bilhões (Blincoe, 2002).

É interessante observar que o relatório do IPEA (IPEA, 2003) não faz a devida menção ao papel da influência das bebidas alcoólicas nos acidentes de trânsito no Brasil (IPEA, 2003; Lima, 2004). Provavelmente, isto se deve à postura cultural, uma vez que é de conhecimento o envolvimento prevalente das vítimas com as bebidas alcoólicas. Outro aspecto de grande relevância refere-se ao fato do prevalente comprometimento da população jovem entre as vítimas fatais dos acidentes de trânsito em nosso país, os quais predominam nos fins de semana (60%).

Diversas leis regulamentam o uso de álcool por condutores de veículos motorizados. Nas legislações de trânsito dos diferentes países, foram estipulados limites legais de alcoolemia (concentração de álcool no sangue). A alcoolemia permitida em países como Bulgária, Hungria, Polônia, Romênia e Rússia é inferior a 0,5 grama por litro de sangue (g/l). Do mesmo modo, na Austrália, Finlândia, França e Suécia, o nível de alcoolemia corresponde a 0,5 g/l. Na Bélgica, Canadá, Dinamarca, Espanha, Itália e Alemanha, o nível permitido é até 0,8 g/l, e nos Estados Unidos, em alguns estados, é de 1,0 g/l. O novo Código de Trânsito Brasileiro, de 23 de setembro de 1997 (Lei 9503), em seu artigo 276, estabelece o nível limite de alcoolemia em 0,6 g/l ou o equivalente para outras formas de medidas (bafômetro) (Oliveira, 1994) (0,75 mg/l de ar expirado).

Vale ressaltar que o consumo de bebidas alcoólicas também é apontado em nosso país como um dos principais fatores causais de acidentes. Em 70% ou mais dos acidentes de trânsito violentos com mortes, o álcool é o principal responsável. De acordo com dados de estatísticas do Grupo de Socorro Emergencial (GSE) do Corpo de Bombeiros do Rio de Janeiro, 30,9% dos motoristas que precisaram de socorro exibiam sinais da presença de teor alcoólico no organismo (verificados pelo simples hálito etílico) (PinsK, 1998).

Em recente pesquisa verificamos que a alcoolemia em torno de 0,4-0,6 g/l já pode representar efetivo fator de risco ao provocar manifestações neurocognitivas e comportamentais em algumas pessoas, a depender de certos fatores individuais (Lima, 2006). Acima desta taxa, o álcool pode promover euforia, desinibição, impulsividade, agressividade ou passividade. Tais considerações são importantes no que tange à possibilidade de riscos com níveis mais baixos do que aquele habitualmente permitido (0,6 g/l de sangue). O simples fato de coibir níveis de alcoolemia acima do permitido é insuficiente, em tese, para garantir a ausência de acidentes. Dessa forma, os resultados dependem em grande parte da forma de implementação de programas de prevenção (Moreira, 2006, Lima 2007).

Já em 1961, a magnitude alcançada pelos acidentes de trânsito fez com que a Organização Mundial de Saúde escolhesse como tema do ano "Acidentes e sua Prevenção", cujo objetivo era chamar a atenção dos governos e das populações para o número crescente de acidentes e sua gravidade (OMS, 2002). Hoje, a OMS chama a atenção para o fato de que 1,2 milhão de pessoas morrem por ano no mundo.

E, ainda hoje, com a insuficiência de medidas preventivas e a necessidade de uma ação pronta de combate a esse flagelo de nossos tempos, os estudos e as pesquisas sobre o tema são de notória importância, principalmente ao se levar em consideração que as estatísticas disponíveis em nosso país ainda são bastante insuficientes, não demonstrando a real face da situação.

ESTUDO ESTRUTURADO

O estudo é de natureza descritiva, com abordagem quantitativa, utilizando-se o método estatístico. Estudos com esta configuração permitem comprovar as relações dos fenômenos entre si, e obter generalizações sobre sua natureza, ocorrência ou significado.

O referido estudo foi desenvolvido no período de dezembro de 2001 a fevereiro de 2002, junto ao Instituto Médico-legal Afrânio Peixoto (IMLAP), localizado no centro da cidade do Rio de Janeiro. Para lá são encaminhadas todas as vítimas fatais envolvidas em acidentes de trânsito, tanto por atropelamento quanto por colisão de veículos motorizados. A escolha deste período se deu em função de vários fatores, tais como final de ano, férias e carnaval, um período que predispõe a um possível aumento nas estatísticas de acidentes de trânsito na cidade do Rio de Janeiro.

A amostra foi constituída pelo universo de 2.131 prontuários, referentes a todas as mortes ocorridas no Rio de Janeiro, registradas pelo IML, no período de dezembro de 2001 a fevereiro de 2002. Deste total, foram selecionadas 267 vítimas fatais de trânsito, isto é, 12% de todas as mortes ocorridas no período. Posteriormente, os prontuários referentes aos óbitos no trânsito foram analisados de acordo com um formulário previamente elaborado para servir de guia norteador. No estudo, foi considerada alcoolemia positiva quando o exame mostrava níveis acima de 0,6 g/l de sangue, conforme determina o Código de Trânsito Brasileiro. Deste modo, a vítima que tinha alcoolemia nos intervalos abaixo de 0,6 g/l foi considerada negativa.

A coleta de dados foi realizada pelos próprios autores, no período de junho a setembro de 2003. A autorização para a realização da mesma foi concedida pela direção do IML, sob forma de consentimento escrito, o qual foi apresentado ao setor do arquivo, que, automaticamente, liberou o manuseio dos prontuários pelos pesquisadores.

A análise descritiva foi realizada por meio de gráficos e tabelas, e a interpretação dos resultados ocorreu à luz do referencial da literatura adotada no estudo.

ANÁLISE DOS RESULTADOS

Os dados relativos à análise de 267 prontuários de vítimas fatais de acidentes de trânsito, registrados no IML do Rio de Janeiro no período do estudo, são apresentados a seguir correlacionados à taxa de álcool apresentada no sangue.

Tabela 10.4 ■ Distribuição da amostra segundo a faixa etária verificada na população estudada (Rio de Janeiro, 2002)

Faixa etária (anos)	*fi*	*f%*
1 a 9	9	3,4
10 a 19	19	7,2
20 a 29	49	18,3
30 a 39	49	18,3
40 a 49	45	16,9
50 a 59	31	11,7
60 a 69	30	11,2
70 e mais	26	9,7
Ignorado	9	3,3
Total	267	100,0

Ao ser analisada a Tabela 10.4, observa-se que o índice de mortalidade no período do estudo estava acentuado na faixa etária de 20 a 29 anos (18,3%) e igualmente na faixa de 30 a 39 anos, seguida de 40 a 49 anos (16,9%). Estes índices revelam uma população de adultos na faixa etária produtiva e participativa do mercado de trabalho, que é brutalmente retirada do contexto da sociedade como um todo.

Esta tabela também evidencia um fato marcante em relação ao impacto dessas mortes no que tange aos Anos Potenciais de Vida Perdidos (APVP), ao se observar que a mortalidade está diretamente acentuada na faixa das pessoas em idade produtiva. Neste sentido, o Ministério da Saúde, ao analisar o indicador APVP, aponta que, por incidir com elevada freqüência no grupo de adolescentes e adultos jovens, os acidentes e violências são responsáveis pelo maior número de APVP. E ainda acrescenta que, no Brasil, este indicador aumentou 30% em relação a acidentes e violências, entre 1981 e 1991, enquanto, para as causas naturais, os dados encontram-se em queda. Fica claro que, para a sociedade, é irreparável o ônus causado pela perda de pessoas em idade produtiva (Tentillier, 1995; SENAD, 2006).

Ao se observar a Tabela 10.5, verifica-se que, em 67,1% da amostra, não foi realizado o exame para detecção da alcoolemia.

Isso acontece porque, apesar de ser um exame de suma importância, este somente foi realizado nas vítimas que vieram direto da via pública (32,9%), sendo esta a rotina do IML no momento da realização do estudo. Logo, o exame só era realizado nas vítimas fatais provenientes do hospital até as primeiras 24 horas após a morte. Nesse caso, era feita avaliação pelo médico perito de plantão e, em seguida, prosseguia-se a coleta de material para análise de álcool no sangue, já que após esse tempo vários fatores podem interferir no resultado do exame.

A Tabela 10.5 mostra ainda que dos 88 registros de óbitos (32,9%) que realizaram teste de alcoolemia, 31 (33%) tiveram testes positivos (acima de 0,6 g/l). Porém, chamamos atenção para os casos negativos (67%), que foram abaixo de 0,6 g/l. Não é possível pressupor que a alcoolemia fosse zero. Por isto, é necessário também investigar a presença de álcool no sangue com taxas menores que a permitida em nosso país, já que índices menores que o índice legal podem modificar significativamente o comportamento de quem ingere bebidas alcoólicas e dirige automóvel (OMS, 2002; Moreira, 2006).

Corroborando com a análise anterior, nos EUA a ingestão de álcool antes de dirigir é responsável por 50% a 55% dos acidentes automobilísticos fatais. Já no Brasil, este percentual chega a 75% (Blincoe, 2002; Moreira, 2006). Em estudo realizado com estudantes europeus, o ato de não beber e dirigir e o uso de pre-

Tabela 10.5 ■ Distribuição da amostra segundo a realização de testes de alcoolemia verificados na população estudada (Rio de Janeiro, 2002)

Testes de alcoolemia	*fi*	*f%*
A. Não realizados:	179	67,1
Realizados	88	32,9
Total	**267**	**100,0**
B. Índices de alcoolemia:		
Positivos*	31	33,0
Negativos	57	67,0
Total	**88**	**100,0**

*A partir de 0,6 g/l de sangue, utilizando-se o método de cromatografia gasosa.

servativo sexual foram apontados como as atividades mais importantes para a manutenção da saúde. No entanto, mesmo os que acreditam ser importante não dirigir após beber, admitem dirigir sob efeito do álcool (Pinsky, 1998).

A Tabela 10.6 mostra que, ao se correlacionar as 88 vítimas de acidentes de trânsito que realizaram o exame de alcoolemia, no período do estudo, observa-se que grande parte das vítimas (64) foi proveniente de via pública, e dessas, 27 (42,2%) apresentaram alcoolemia positiva. Por outro lado, ao se observar o número de vítimas que chegaram ao IML provenientes do hospital (24), encontraram-se 20 vítimas (83,4%) com alcoolemia negativa e apenas quatro vítimas (16,6%) com alcoolemia positiva.

Ao se comparar os achados de alcoolemia positiva de via pública (42,2%) com a do hospital (16,6%), é interessante observar que a alcoolemia detectada foi mais significativa para os indivíduos que vieram de via pública e menor para os que vieram do hospital. Isto demonstra que a gravidade dos acidentes daquelas vítimas provenientes do hospital é um pouco menor que a das vítimas falecidas no próprio local do acidente.

Vale salientar que, possivelmente, os índices de alcoolemia negativa encontrados, tanto em vias públicas quanto em hospitais (57,8% e 83,4%, respectivamente), poderiam ser bem menores, pois eles não representavam a ausência de álcool no sangue. Por exemplo, podem-se observar casos classificados como de alcoolemia negativa, quando, na verdade, a taxa encontrada foi de 0,59 g/l de sangue, quase positiva.

Tabela 10.6 ■ Distribuição da amostra segundo o resultado do exame de alcoolemia e o local do óbito (Rio de Janeiro, 2002)

Local de óbito	*Total*		*Alcoolemia*			
			Negativa		*Positiva*	
	fi	*f%*	*fi*	*f%*	*fi*	*f%*
Hospital	24	100,0	20	83,4	4	16,6
Via pública	64	100,0	37	57,8	27	42,2
Total	**88**	**100,0**	**57**	**64,7**	**31**	**35,3**

Outro aspecto sobremodo importante diz respeito a alguns acidentes fatais, como, por exemplo, o publicado na imprensa em 27 de junho de 2005. Um aposentado, ao estacionar seu carro, morreu ao ser atingido por uma picape em alta velocidade. Esta vítima teve morte instantânea e quem provocou o acidente foi um rapaz de 23 anos. É altamente sugestivo que o motorista da picape estivesse alcoolizado, pois a imprensa constatou seu consumo abusivo de bebidas alcoólicas, horas antes do acidente. No entanto, ele saiu com apenas alguns arranhões, foi medicado no hospital, onde não foi realizado o exame, pois o atendimento da emergência não inclui a alcoolemia de rotina para estes casos. Este exemplo demonstra o quanto nossas estatísticas não evidenciam a verdadeira realidade dos fatos.

O álcool é um dos fatores preponderantes para desencadear e precipitar o acidente automobilístico e agravar também a intensidade das conseqüências e prejuízos. Neste sentido, em aproximadamente 70% dos acidentes de trânsito violentos com mortes, o álcool é o principal responsável (Moreira, 2006).

A Tabela 10.7 nos mostra que, ao se correlacionar o exame de alcoolemia com a natureza do acidente, pode-se observar que 47 casos foram provenientes de atropelamentos, e destes, 18 casos (38,3%) apresentaram alcoolemia positiva. Na colisão observa-se que 18 casos (27,8%) estavam com a alcoolemia positiva (acima de 0,6 g/l). Na queda de moto, 66,6% apresentavam também alcoolemia positiva.

Vale destacar o percentual significativo de atropelamentos das vítimas envolvidas e a presença de álcool no organismo (38,3%). Nota-se também que, apesar de a influência do álcool ser gravíssima quando combinada à direção, são os pedestres que ainda sofrem as maiores conseqüências. No Brasil, os pedestres são as maiores vítimas dos atropelamentos, diferentemente dos demais países desenvolvidos, nos quais as colisões são os tipos mais freqüentes de acidentes de trânsito (Carvalho, 2002).

Acrescente-se ainda que, em emergências de três hospitais municipais do Rio de Janeiro, no período de 2000 a 2001, registrou-se um grande número de acidentes de trânsito, com uma quantidade significativa de atendimentos aos acidentados, víti-

Tabela 10.7 ■ Distribuição da amostra segundo o resultado do exame de alcoolemia e a natureza do acidente (Rio de Janeiro, 2002)

Natureza do acidente	*Total*		*Alcoolemia*			
			Negativa		*Positiva*	
	fi	*f%*	*fi*	*f%*	*fi*	*f%*
Atropelamento	47	100,0	29	61,7	18	38,3
Colisão*	18	100,0	13	72,2	5	27,8
Choque**	4	100,0	3	75,0	1	25,0
Queda de moto	3	100,0	1	33,4	2	66,6
Outros	5	100,0	3	60,0	2	40,0
Ignorado	11	100,0	8	72,7	3	27,3
Total	**88**	**100,0**	**57**	**64,7**	**31**	**35,3**

*De acordo com o Ministério dos Transportes (Brasil, 2002), entende-se por colisão o acidente em que há impacto entre veículos em movimento.
**O choque consiste no impacto de um veículo em movimento contra qualquer objeto fixo (Klein, 1994).

ma de atropelamentos. Destaca-se ainda a preocupação de autores sobre a maioria das vítimas de acidentes de trânsito que morrem fora dos veículos, isto é, são atropeladas (Klein, 1994).

Neste sentido, parece haver outros fatores sócio-econômicos e estruturais além do álcool, no que se refere às condições das vias públicas, pela falta de espaço ou sinalização inadequada para o pedestre. Por vezes, ele tem de andar em condições precárias, pois nas vias públicas faltam passarelas, passagens subterrâneas e calçadas para pedestres.

Como era esperado, a Tabela 10.8 aponta que, nos fins de semana, número de acidentes de trânsito aumenta. Observam-se 13% na sexta-feira, seguido de sábado e domingo, com 30% e 19%, respectivamente, somando 63% do total da semana.

Ao se correlacionar o nível de alcoolemia com os dias da semana, observa-se que, nas vítimas com alcoolemia positiva, vamos encontrar um aumento linear na positividade desses exames nos fins de semana e feriados. Estes dados confirmam o uso e abuso de álcool relacionados aos feriados e fins de semana. A

Tabela 10.8 ■ Distribuição dos acidentes de trânsito na semana e testes de alcoolemia correspondente (%)

Dias da semana		Segunda-feira	Terça-feira	Quarta-feira	Quinta-feira	Sexta-feira	Sábado	Domingo
Nº de acidentes		13%	10%	7%	7%	13%	30%	19%
Alcoolemia	Neg	75%	77%	83,3%	83,7%	66,7%	50%	56,3%
	Pos	25%	23%	16,7%	16,3%	33,3%	50%	43,7%

*Dias 25/12/2001 e 01/01/2002, Natal e Ano Novo, respectivamente.

soma dos acidentes ocorridos no fim de semana passa dos 60%, contra 40% no restante da semana, indicando a influência do fator álcool de maneira evidente.

Estes achados corroboraram com as estatísticas apresentadas pelo GSE e DETRAN-RJ, quando apontaram o aumento de acidentes de trânsito nos feriados e fins de semanas no Rio de Janeiro, devido ao uso e abuso de álcool pelos envolvidos (motoristas e pedestres) nos acidentes com maior gravidade (Mourão, 2003). Estes dados coincidem com os apresentados na literatura internacional.

Outro dado que nos chama a atenção é que, provavelmente, os casos com alcoolemia negativa, isto é, abaixo de 0,6 g/l no presente estudo, em grande parte poderiam estar relacionados com pessoas que fizeram uso do álcool de forma menos intensa ou há mais tempo antes de usarem os veículos. Contudo, eles apontam para a possibilidade de níveis de álcool no sangue abaixo de 0,6 g/l e diferente de 0,0 g/l, podendo também representar um efetivo fator de risco.

Tais estudos precisam ser aprofundados para que se possa administrar a significância deste risco relacionado à fatídico tríade: álcool, direção e acidentes. Afirma-se até que os acidentes nas madrugadas dos fins de semana são provocados pela junção dos dois maiores vilões implicados na gênese dos acidentes de trânsito – o álcool e a sonolência (Lakatos, 1991).

A análise da Tabela 10.9 evidencia que 64,4% dos indivíduos com alcoolemia positiva apresentaram concentrações entre 1,0 e 2,0 g de álcool/litro de sangue, o que é bastante preocupante, pois caracterizam o abuso do álcool. Por essa razão, os acidentes de trânsito são conseqüências conhecidas do abuso do álcool, já que se sabe que níveis a partir de 0,6 g/l de alcoolemia provocam no cérebro alterações neuroquímicas e funcionais suficientes para mudanças de comportamento facilitadoras de situações de risco (acidentes de trânsito, domésticos, violência e homicídios) (Moreira, 2006). Outra observação importante é quanto à maior gravidade dos acidentes relacionados com álcool.

Numa revisão realizada em 200 artigos científicos, a maioria mostra prejuízo das funções neurocognitivas com alcoolemia de 0,7

Tabela 10.9 ■ Distribuição dos indivíduos que apresentaram alcoolemia positiva, segundo os níveis sangüíneos de álcool (Rio de Janeiro, 2002)

Níveis de alcoolemia em g/l de sangue	*fi*	*f%*
0,6 g/l – 1,0 g/l	9	29,1%
1,0 g/l – 1,5 g/l	10	32,2%
1,5 g/l – 2,0 g/l	10	32,2%
Acima de 2,0	2	6,5%
Total	31	100,0%

g/l. E, em 20% dos artigos, encontrou-se perda funcional significativa em concentrações entre 0,1 e 0,4 g/l (Ministério das Cidades, 2004), índice abaixo do preconizado pela lei de trânsito. Logo, apesar de pequenas divergências nas posições encontradas, existe unanimidade em admitir que o álcool e a direção estão quase sempre associados a acidentes de trânsito e à sua maior gravidade. Por isso, diversos países adotam limites de alcoolemia mais baixos para os condutores de veículos: 0,2 a 0,3 g/l, sendo que alguns preconizam alcoolemia zero (Japão, por exemplo). Em pesquisa, ainda em andamento, observamos alcoolemia abaixo de 0,6 g/l entre 30% e 35% das vítimas fatais (Lima, 2007 - Comunicação preliminar).

No Brasil, o Código de Trânsito estabelece o limite de 0,6 g/l. Entretanto, alguns países já diminuíram este limite em sua legislação, como é o caso da Suécia (0,2 g/l) e do estado da Califórnia, nos EUA, no qual a alcoolemia aceitável para menores de 21 anos é zero (Oliveira, 1994).

■ CONSIDERAÇÕES FINAIS

Tomando-se por base os dados obtidos neste estudo, que tem como universo um período de eventos e de tempo limitados, porém significativo, de uma realidade mais ampla, algumas considerações podem ser aqui levantadas no que concerne à influência do álcool nos acidentes de trânsito com vítimas fatais. A verificação da presença de álcool no sangue (alcoolemia) é uma questão da maior importância, para demonstrar o real impacto do binômio álcool e direção. Por mais que esta combinação seja apontada como perigosa, continua-se a se subestimar sua gravidade, mesmo quando, sob influência do álcool, os acidentes são mais graves, com taxas de mortalidade maior e perdas materiais mais amplas. Existe uma certa banalização do perigo.

Na Tabela 10.6, verifica-se que o número de vítimas fatais é maior nas vias públicas, onde se constata maior freqüência de alcoolemia positiva. Tal fato decorre, naturalmente, da maior gravidade do acidente. Neste sentido, muitas vezes, deixam-se de notificar casos fatais que ocorrem após alguns dias ou semanas de hospitalização. A perda do nexo causal faz com que o diagnóstico da *causa mortis* passe a figurar como conseqüência de alguma complicação, e não diretamente ligado ao acidente. Esta é uma questão a ser considerada com a perspectiva de constatar que o número de vítimas fatais deva ser maior do que a registrada. Segundo alguns profissionais, passariam dos 40 mil mortos/ano. Isto é possível, em face da subnotificação no sistema.

No que tange aos dias da semana, este estudo mostra os fins de semana como o período de maior registro: cerca de dois terços dos acidentes de trânsito e maior freqüência de presença do álcool. Assim, é da maior importância chamar a atenção para efetivas ações de combate ao uso/abuso de bebidas alcoólicas pelos condutores de veículos nos fins de semana. Campanhas de conscientização e de informação, voltadas principalmente para os jovens, devem ser implementadas com maior freqüência.

Altas taxas de alcoolemia já foram identificadas em outros estudos e relacionadas aos acidentes de trânsito em nosso país. Neste sentido, no atual estudo verificamos que 70% dos casos de alcoolemia positiva, acima de 0,6 g/l, estavam com nível acima de 1,0 g/l de sangue (Tabela 10.9). É preocupante o nível do abuso de bebidas alcoólicas e sua banalização em nossa cultura. Neste sentido, é preciso apontar para a influência da maciça propaganda de cerveja, que estimula o consumo associado às festas e às reuniões festivas, às "baladas" e saídas nos bares e boates.

Neste estudo, o perfil da idade das vítimas fatais mostra o predomínio da faixa jovem de 20 a 39 anos da população economicamente ativa, correspondendo a 36% da casuística, em concordância com outros trabalhos (Tentillien, 1995; SENAD, 2006; APR, 2005; Carvalho, 2007). Nesta pesquisa, a presença do jovem está representada de modo marcante, quando se consideram as vítimas de até 50 anos (60%). Em novo estudo de nossa autoria, em andamento, verificamos, em 2005, aumento da população acima de 60 anos entre as vítimas fatais (19,2%).

Contudo, apesar dos dados levantados de forma preliminar, fica clara a influência do álcool na freqüência e na gravidade dos acidentes, além do maior número de vítimas fatais e de seqüelas mais graves. É relevante salientar o fator aumento da produção e do consumo de álcool (cerveja) a cada ano em nosso país (veja estes dados em outra parte do livro).

Estudos mais aprofundados devem ser implementados para se desenhar com maior relevância o verdadeiro índice do uso de bebidas alcoólicas por condutores de veículos; sobretudo, os mais jovens, que figuram como as maiores vítimas fatais em fins de semana, e as vítimas de atropelamento, com presença significativa dos mais idosos.

Portanto, sendo boa parte dos acidentes de trânsito influenciada pelo uso de bebidas alcoólicas, passível de prevenção efetiva, deve-se chamar a atenção para a necessidade de maior conscientização e responsabilização de todos os envolvidos. Neste aspecto, é de suma importância discutir a efetiva restrição da publicidade maciça de cerveja, equivocadamente liberada por ter teor alcoólico de 5%. Este equívoco leva os jovens a experimentarem de modo inconseqüente, riscos maiores e mais graves.

Considerados como uma das principais causas de óbito entre pessoas com menos de 39 anos, os acidentes de trânsito vêm aumentando. No período de 2003 a 2006, o número de mortos passou de 32.753 para 35.750, ou seja, um aumento de quase 10%, segundo dados recentes do Ministério da Saúde, que apontam para o fato da reversão de tendência de queda observado em 1998, após a instituição do novo Código de Trânsito Brasileiro.

Outra observação preocupante foi o aumento de 72% dos óbitos em municípios com menos de 100 mil habitantes nos últimos 10 anos. Segundo o próprio Ministério, "A elevada mortalidade por acidentes de trânsito representa um sério problema de saúde pública, tomando aspectos de uma verdadeira epidemia" (*site*: portalsaude–www.saude.gov.br – principal acesso 26/04/2007).

No documento "Portal Saúde", do Ministério, chama-se a atenção para o álcool como um dos fatores determinantes da sinistralidade e do grande número de mortos e da maior gravidade dos ferimentos. O consumo abusivo ou excessivo de bebidas alcoólicas, sobretudo cerveja, pelo fato do estímulo constante veiculado nas propagandas pela TV e outros meios é uma das principais questões agravantes dos acidentes de trânsito que precisa ser enfrentada. Daí, diante desta constatação, a exemplo de campanhas desenvolvidas em outros países, tais como os EUA e os países da Comunidade Européia, França, principalmente, diversos órgãos públicos ou privados, além do Ministério da Saúde, estão se empenhando nas ações de prevenção e de combate ao abuso de álcool, como a Política Nacional de Promoção da Saúde preconiza (Ministério da Saúde – Secretaria de Vigilância em Saúde, 2006).

CAPÍTULO

11

O Álcool e os Jovens: Riscos Anunciados

O Brasil é um dos países onde a violência mais compromete a vida da população mais jovem da sociedade. A primeira causa de morte na faixa dos 12 aos 29 anos é devido a causas externas, representadas pelos homicídios e acidentes de trânsito. Em ambas as situações, o uso/abuso de álcool e de outras drogas tem papel destacado na dinâmica destas causas; ora como fator causal, ora como fator coadjuvante, mas como importante fator de risco real que não se pode deixar de ser considerado na gênese da violência urbana em nosso país.

As estatisticas divulgadas mostram que o Brasil é um dos países mais violentos do mundo. Todos nós estamos cientes disso, ou pelo menos deveríamos estar, principalmente, as autoridades, os órgãos governamentais e a parcela da sociedade civil mais envolvida e comprometida com os destinos da nação. Os dados indicam que a taxa de homicídios geral é de cerca de 50 mortes por 100.000 habitantes, 6 a 7 vezes maior do que a de países como França, Inglaterra e Portugal. Há locais onde esta taxa é bem mais elevada, como as regiões das cidades de Vitória (ES), Diadema (SP)* e da Baixada Fluminense (RJ), por exemplo (MS/DATASUS). Se considerarmos os acidentes de trânsito, no Brasil a taxa de mortalidade é de cerca

*Cidades satélites de Brasília.

de 20 mortes/100.000 habitantes, uma das maiores do mundo (DENATRAN, 2005). Neste aspecto, vale observar que morrem mais de 35.000 pessoas nos acidentes de trânsito, sendo, mais da metade, jovens.

A grande questão que sobressai de tais dados, indicadora de uma verdadeira calamidade pública em face dos agravos sobre a saúde do cidadão brasileiro, pode ser colocada em dois pontos:

- a grande maioria das mortes é de jovens na faixa dos 12 aos 29 anos (de 60% a 80%);
- o elevado envolvimento com o álcool, principalmente, e com outras drogas.

Portanto, ao se discutir a situação da juventude em relação ao consumo de bebidas alcoólicas, qualquer que seja o tipo e o teor alcoólico (cerveja, vinho, cachaça e similares), no atual momento da vida brasileira, não se pode deixar de destacar a questão do elevado e crescente consumo de álcool pelos jovens (pré-adolescentes, adolescentes e adultos jovens, de ambos os sexos).

A polêmica sobre a restrição da propaganda de bebidas alcoólicas não pode ser considerada sem se levar em conta as outras questões referentes ao impacto do álcool nos eventos de violência citados e que são temas de notícias diárias na mídia nacional.

Outros problemas relacionados ao uso e abuso de que álcool entre os jovens, são, também, de grande relevância, no tange aos outros aspectos da vida: os problemas relacionados com a saúde (biopsicossocial), o desempenho escolar ou acadêmico, os relacionamentos sociais, o comprometimento com a família, a atividade relativa ao trabalho etc., enfim, com todos os cenários nos quais os jovens estão inseridos. Esta, aliás, não é uma questão só do nosso país, mas de grande parte dos países do mundo, onde o consumo de bebidas alcoólicas vem aumentando, de modo preocupante, nas últimas décadas. Países como os EUA e os da Comunidade Européia, que já tinham elevado padrão de consumo de álcool, enfrentam problemas com o aumento do consumo de álcool, sobretudo, pela camada mais jovem da população. No Brasil, a considerar nossos dados e o cenário nos últimos 10 anos, a situação é, podemos dizer, mais grave. E o que é pior: se agrava a cada ano.

Dados do "II Levantamento Domiciliar" sobre uso de "Álcool e outras Drogas" (substâncias psicoativas), realizado pela SENAD/CEBRID, cujos resultados foram apresentados em sessão especial realizada pelo Gabinete da Presidência da República, no Palácio do Planalto, em 24 de Novembro de 2006, apontaram para uma realidade altamente preocupante e grave, que representa séria ameaça à saúde e à segurança públicas, relativa ao aumento do consumo de bebidas alcoólicas pelos jovens principalmente, conforme podemos verificar na Tabela 11.1.

Tabela 11.1 ■ Consumo de bebidas alcoólicas pela população jovem no Brasil. Faixas de 12 a 17 anos e de 18 a 24 (população-alvo: 12 a 65 anos de idade)*

	2001	*2005*	*Variação (>%)*
Nº de dependentes na população geral	11,2%	12,3%	>10%
Dependência declarada na população jovem			
Faixa 12-17 anos	5,2	7,0	> 30%
Faixa 18-24 anos	15,5	19,2	> 25%
Faixa 25-34 anos	13,5	14,7	> 10%
Faixa 35 ou mais	10,3	10,4	> 1%
Faixa 18-24 anos/sexo masc.	23,7%	27,4%	> 15%
Outras drogas**			
Tabaco	9,0%	10,1%	> 10%
Maconha	1,0%	1,4%	> 40%
Consumo de álcool em cidades com mais de 200 mil habitantes			
Região Sudeste	9,2%	12,7%	> 38%

*II Levantamento Domiciliar sobre Uso de Drogas Psicotrópicas no Brasil, SENAD/CEBRID, 2006.
**Cidades com mais de 200 mil habitantes.

De acordo com os dados fornecidos nesta pesquisa de SENAD, que serviram de forte argumento para a assinatura do Decreto 6.117 de 22 de Maio de 2007, a realidade é mais séria (e grave) do que, em geral, se imagina (ou se nega). Fica evidente a preocupação com os agravos sobre a saúde (biopsicossocial) dos jovens brasileiros que, sem se dar conta, estão sendo vítimas (passivas) dos riscos representados pelo consumo nocivo de bebidas alcoólicas. Neste aspecto, a propaganda tem um papel relevante por buscar e estimular o consumo de cerveja, sobretudo pela "galera" jovem de 18 a 29 anos, principal grupo almejado pelas campanhas publicitárias desenvolvidas por solicitação da indústria da cerveja do nosso país. Aliás, esta é uma informação veiculada pela própria indústria da cerveja, que diz investir cerca de R$ 850 milhões de reais em propaganda, segundo o Guia da Cerveja de 2007.

Levando-se em conta o período de 5 anos entre 2001 e 2006, conforme a Tabela 11.1 mostra claramente, os pré-adolescentes e adolescentes (faixa de 12 a 17 anos) que se declararam dependentes (presença de problemas biopsicossociais relativos ao abuso de álcool), aumentaram em 30%. Um sério problema, se considerarmos as conseqüências e prejuízos relacionados. Na faixa de 18 a 24 anos, isto é, adultos jovens, garotos e meninas ainda, este aumento foi de 25%. Isto representa que milhões de jovens brasileiros estão seriamente comprometidos em suas vidas, doentes e morrendo, ou com graves seqüelas físicas, psíquicas e sociais (e econômicas).

O que se deve "ler", também, nesta Tabela, é a origem da força que leva a esse perigoso aumento nas faixas mais jovens, em contraste com o relativo menor aumento das faixas etárias maiores (de 25 a 34 anos, 10%; e de 35 anos ou mais, 1%). Isto pode significar a grande influência sobre o aumento do "desejo" de consumir bebidas alcoólicas, o fácil acesso, o baixo preço e os estímulos de cenários relacionados com saúde, esporte e lazer, promovidos sem o menor controle social das diversas autoridades públicas e da sociedade em geral. O aumento de 1% do número de pessoas dependentes com mais de 35 anos de idade, mostra que a propaganda não se dirige a este público, naturalmente, foca sua força de convencimento "sutil" nas faixas que respondem ao "apelo", como se constata facilmente nos eficientes e bonitos comerciais de TV e outras mídias. Devemos reconhecer que até a população da terceira idade, acima de 65 anos, também foi alvo recente do mercado publicitário das cervejas, pois, como se tem constatado, os idosos vêm se configurando como uma boa faixa de consumidores de cerveja.

Considerando as grandes cidades, ou seja, aquelas com mais de 200 mil habitantes, temos bons motivos para nos preocupar com o que se refere às conseqüências e prejuízos relacionados ao uso e abuso de bebidas alcoólicas, e, sobretudo, com os jovens, que são os que mais contribuem para o aumento do consumo.

Segundo a pesquisa da SENAD, na região Sudeste, o aumento relativo de pessoas com dependência de álcool aumentou de 9,2% para 12,7%, ou seja, cerca de 38%, no período de 5 anos. Esta situação aponta para outra questão, que é a ênfase no aumento dos "pontos especiais" de consumo de bebidas alcoólicas como estratégia efetiva adotada pelos fabricantes de bebidas alcoólicas, e aqui, mais uma vez, destaca-se a indústria cervejeira.

■ PROBLEMAS RELACIONADOS AO CONSUMO DE BEBIDAS ALCOÓLICAS PELOS JOVENS

O jovem representa uma fase de vida com peculiaridades especiais no que concerne ao desenvolvimento psíquico e comportamental. Uma série de características comportamentais marcam este período, que abrange a pré-adolescência e adolescência, na faixa de 12 a 18 anos de idade. A complexa e instável transição da fase infantil para a fase adulta, cujos limites, na verdade, são difíceis de se delimitar, é reconhecida como um período de vida de maior vulnerabilidade sob diversos aspectos na formação da pessoa. A necessidade da auto-afirmação, da construção da própria imagem física e psíquica, da configuração e definição de características da personalidade e do caráter, do enfrentamento das questões da sexualidade e das relações interpessoais com indivíduos de ambos os sexos, da educação para assumir papel na vida adulta e preparação para vida profissional, enfim, os mais diversos desafios que o jovem sempre enfrentou, são, hoje, mais difíceis na sociedade contemporânea, na qual, além de novos perigos, o elevado grau de competição torna a luta pela sobrevivência mais complicada e mais dura.

Neste contexto, mormente nas últimas três décadas, o mundo dos jovens passou a se deparar com o grande avanço de oferta do álcool e das outras drogas. Jamais a nossa civilização teve à disposição tantas substâncias psicoativas, naturais ou sintéticas, lícitas ou ilícitas, incluindo os medicamentos psicotrópicos receitados pela medicina. A história do homem mostra que as drogas sempre estiveram presentes na vida cotidiana, nos diversos eventos religiosos ou pagãos, festivos ou comemorativos, de um modo geral.

Uma das questões de maior relevância no contexto da juventude, hoje, não só no Brasil, como em grande parte dos países, é o aumento do consumo de bebidas alcoólicas verificado na segunda metade do século XX, mas, de modo acentuado e preocupante, nos últimos 20 anos. No Brasil, este aumento do consumo entre os jovens é mais preocupante ainda, em face dos dados anteriormente relatados.

Neste sentido, as perspectivas são motivos de preocupação maior, tanto em termos de segurança pública, quanto em termos de saúde pública, devido à tendência observada nos levantamentos realizados. Por outro lado, um cenário que passa, de certo modo, despercebido ou subestimado, é o do crescimento da produção brasileira de bebidas alcoólicas, uma das maiores do mundo, atualmente. Somam-se a isso novos importantes fabricantes mundiais, que estão entrando no mercado nacional atraídos pelo potencial de crescimento do consumo de cerveja em nosso país. Conforme podemos verificar na Tabela 11.2, somos hoje um dos maiores produtores de bebidas alcoólicas do mundo.

De acordo com diversos estudos, inclusive pesquisa por nós desenvolvida, no que se refere aos índices de mortalidade relativos aos acidentes de trânsito, vale chamar a atenção para alguns dados como referenciais de uma perigosa realidade,

Tabela 11.2 ■ Produção de bebidas alcoólicas no Brasil. Estimativas para 2006 – Aumento da produção de cerveja (1993-2006)

Bebida	*Produção (em bilhões de litros/ano)*		*Variação*
	1993	2006	%
Cerveja	5,0	> 10,5	> 100%
Vinho	–	± 0,4	–
Cachaça[1]	–	± 1,5	–
Consumo de cerveja *per capita* (l/pessoa/ano)	33l	> 50,5l	> 50%
Consumo no RJ e SP (estimados)	±95,0-100,0l/pessoa/ano		
Gastos com publicidade de cerveja (ref. 2006)	R$ 850 milhões/ano		
***Rank* mundial de produção de cerveja (litros/ano)**			
1º lugar China	27,0 bilhões		
2º lugar EUA	23,6 bilhões		
3º lugar Alemanha	10,5 bilhões		
Brasil	10,5 bilhões		

Dados estimados.
Fontes diversas.
[1]Maior produtor mundial de destilados.

no que tange à influência das bebidas alcoólicas em muitos eventos relacionados não só com doenças e distúrbios psicossociais, mas, também, com elevados índices de homicídios e mortalidade.

Alguns dados relacionados com o uso e abuso de bebidas alcoólicas pelos jovens são os seguintes:

- a idade de consumo de bebidas alcoólicas baixou de 13 para 12 anos de idade (período de 2001–2006);
- o álcool está presente em cerca de 70% a 80% dos acidentes com vítimas fatais; a maior parte é formada por jovens, e 60% destes acidentes ocorrem nos fins de semana;

- acidentes de trânsito representam a primeira causa de morte na faixa dos 18 aos 29 anos, no Brasil;
- consumo de álcool: uso na vida por jovens de 12 a 17 anos; 54%, de 18 a 24 anos: 78,6%, na faixa de 15 a 25 anos; 80% a 90% já consumiram álcool;
- tipo de consumo/freqüência – consumo regular/diário ou fim de semana: 40,0%; consumo eventual/mês: 20,0%; consumo ocasional, 20% (> 10% em média não refere consumo);
- o álcool está relacionado com índice de homicídios do modo significativo; em mais da metade (> 50%) dos crimes envolvendo jovens, o álcool está presente, como demonstra o exemplo da cidade de Diadema (SP);
- o consumo de bebidas alcoólicas nas festas ou em congratulações é responsável pela maior parte dos atendimentos nos serviços de emergência (pronto-socorro) nos finais de semana (casos de coma alcoólico são freqüentes nestas ocasiões);
- grande parte de queda do rendimento escolar e falta à escola pode estar relacionada com abuso de álcool;
- agressões e ferimentos decorrentes de brigas em festas e em jogos estão vinculados ao abuso de álcool;
- o alcoolismo dos pais responde por elevado número de agressões contra adolescentes e abandono da casa (menores de rua);
- a queda do rendimento escolar é muito mais observadas em adolescentes com história de abuso de álcool do que nos demais alunos (perda de memória, do raciocínio lógico, da velocidade em resolver problemas);
- um número significativo de adolescentes fica mais exposto e vulnerável às doenças sexualmente transmissíveis e à AIDS (DST/AIDS) quando sob efeito do álcool nas diversas ocasiões de consumo;
- grande parte das pessoas e dos adolescentes não sabe que a cerveja não é bebida "leve", apesar de ter 5% de teor alcoólico; a quantidade de álcool puro em uma latinha de cerveja é praticamente, a mesma de uma taça de vinho (12%) e de uma dose de caipirinha (cachaça e destilados: 40%);
- entre os adolescentes que abusam do álcool, é maior o risco de gravidez precoce e de problemas sociais secundários.

Entre tantos problemas relacionados ao consumo nocivo e à dependência de álcool, com as conseqüências e prejuízos decorrentes, fica evidente a urgente necessidade de se estabelecer programas de saúde e de educação visando fornecer atenção a estes problemas e a sua prevenção. É urgente a tomada de medidas no campo de saúde pública e das outras áreas vinculadas à vida dos jovens em nosso país, para que se possa minimizar este quadro que compromete a saúde e a vida de milhões de jovens em nosso país. O Decreto 6.117/2007, representa um efetivo avanço ao estabelecer importantes diretrizes na aplicação da política nacional sobre o álcool, na qual a faixa da população jovem encontra respaldo para o enfrentamento dos muitos desafios que se apresentam.

Precisamos, todos, em parceria, desenvolver ações e estratégias de enfrentamento dos diversos aspectos vinculados desta grande questão, que são os problemas relacionados ao uso/abuso do álcool. Países como os EUA, a França e outros da Comunidade Européia já vêm há alguns anos desenvolvendo estratégias integradas de combate a estes problemas de modo consistente e efetivo. A Europa lançou, há mais de 10 anos, o Plano de Ação Europeu sobre o Álcool (*European Action Plan on Alcohol*), com objetivo de fovorecer a articulação entre as mais diversas partes envolvidas nas ações de atenção e de prevenção dos problemas relacionados ao álcool. O congresso americano, recentemente, criou uma força-tarefa nacional para combater a síndrome alcoólica fetal (SAF) como estratégia de política pública (National Task-Force on Fetal Alcohol Syndrome, EUA – 2002).

Portanto, não só por causa das conseqüências do abuso do álcool pelos jovens, mas, por todos inúmeros problemas secundários do álcool para toda a sociedade, precisamos tomar consciência e assumir a dimensão destes problemas para responder aos desafios que esta situação nos apresenta. É preciso agir com maior eficiência e resolutividade, pois que estamos sob movimento da elevação do consumo, e, se nada ou pouco for feito, a situação deverá piorar. Entre as vítimas desta ameaça representada pelo aumento do consumo de bebidas alcoólicas estão os nossos jovens, que esperam das autoridades públicas e de nós mesmos, as necessárias providências e ações que precisam ser tomadas. É essa a tarefa de todos nós.

CAPÍTULO

12

Álcool, Violência e Justiça

A violência, como forma de destrutividade humana, sempre nos preocupou, mas foi no século XX e início deste que nos defrontamos com níveis inimagináveis e insuportáveis dela como fenômeno social. Hoje, boa parte da violência urbana está envolvida com o álcool e outras drogas, de forma marcante. Sobretudo nas grandes cidades, entre estas Rio e São Paulo, as taxas de mortalidade retratam um cenário onde o tráfico de drogas e o crime organizado se destacam.

Existe, realmente, estreita relação entre os diversos tipos de violência observados hoje nas grandes cidades, com o tráfico de drogas. Contudo, é preciso ver que outros fatores entram no jogo, fazendo com que a complexidade da questão mereça melhor avaliação. O tráfico de drogas, violento por si mesmo, reveste-se dos aspectos de luta permanente entre os traficantes e a polícia, e entre bandos rivais, pela disputa do "mercado" e dos "pontos" (favelas, bairros pobres, condomínios ricos etc.). Entretanto, é necessário, *a priori*, considerar todo um contexto social que carrega no seu interior diversos ingredientes e fatores predominantes na gênese da violência.

Fica mais compreensível entender, portanto, a violência relativa às drogas mais como um fenômeno complexo e multifatorial do que algo isolado ou unilateralmente relacionado ao uso e abuso do álcool e outras drogas. No que tange ao álcool, a violência tem alguns aspectos a serem analisados por outros ângulos. As bebidas alcoólicas, disponibilizadas por todos os lugares, podem ser consumidas à vontade em qualquer circunstância. Ocorre que o álcool (etanol), como substância psicoativa das mais poderosas, age no cérebro (ver Cap. 5), provocando desibinição, de início, e causando no indivíduo a sensação de aparente poder, reduzindo o limiar do controle das respostas instintivas.

Esta condição, que ocorre de modo diferente em pessoas diferentes, dependendo dos traços da personalidade de cada um, favorece um clima no qual poderá ocorrer situação de violência. Por este prisma, poder-se-á observar o aspecto das diversas situações nas quais o alcoolismo está direta ou indiretamente envolvido: a violência nas prosaicas brigas dos bares e botequins, às vezes ocorrendo homicídios ou lesões corporais graves; a violência contra a mulher, vítima de um marido embriagado, ou contra crianças, filhas de pais usuários de álcool e outras drogas; brigas no trânsito, no trabalho e nas torcidas organizadas; e acidentes de trânsito rotineiramente relatados nas páginas de jornais, muitas vezes com vítimas fatais.

Estudo realizado recentemente, no IML de São Paulo, analisando 3.311 casos de mortes violentas (não-naturais), nos quais se mediu a taxa de álcool no sangue (alcoolemia), mostrou positividade em 44% das vítimas. Em Osasco (SP), estudo semelhante mostrou taxa de 44,2%, igual à da cidade de São Paulo e semelhante à de algumas outras grandes cidades, tais como Nova York e Hamburgo. Neste estudo, demonstraram-se os índices de alcoolemia por tipo de ocorrência, no qual se observou a prevalência relativa em cada categoria (Tabela 12.1).

Tabela 12.1 ■ Índice de alcoolemia positiva

Homicídios	46%
Acidentes de trânsito	45,44%
Suicídio	34,9%
Outras causas	41,3%

Os dados da Tabela 12.1 mostram prevalência do álcool nas mortes violentas, apontando para a direção de um problema mais sério e importante do que se imagina. Em São Paulo, a Prefeitura, diante da situação de violência, resolveu fechar os bares do centro e de alguns subúrbios da periferia mais cedo, na esperança de reduzir os índices de violência, e o resultado foi de grande significância, pela redução de homicídios em 60%.

Em muitos países, como a Inglaterra, a medida de limite de funcionamento já é adotada há muitos anos. Levando-se em conta as populações carcerárias, foram realizados estudos apontando que o uso do álcool está intimamente relacionado ao grande número de ocorrências violentas. De acordo com trabalho realizado no sistema penitenciário do Rio de Janeiro, foi verificado que mais da metade das prisões estavam relacionadas ao uso e abuso do álcool e outras drogas.

Portanto, as inúmeras situações de violência nas quais o álcool está envolvido, sejam contra outro indivíduo ou contra si mesmo (suicídios), contra mulheres e crianças (famílias), no trânsito e entre jovens (torcidas organizadas, bailes *funks*, gangues, etc.), servem como subsídios para uma inevitável tomada de posição das diversas instituições públicas e privadas, no sentido de se estabelecerem ações e estratégias de prevenção e redução de risco, tendo como objetivo a minimização das terríveis conseqüências.

Por outro lado, embora não se tenham dados mais específicos, pode-se estimar o enorme gasto em termos financeiros, relacionados à violência ligada ao alcoolismo. Só com acidentes de trânsito, em geral, segundo dados do DENATRAN, gasta-se, por ano, cerca de 22 bilhões de reais.

Reconhecendo o papel do álcool como fator efetivamente relacionado às situações de violência nos seus mais diversos aspectos, não se pode deixar de considerar que esta relação necessita da influência de outros fatores e condições. O álcool não é a causa única e direta da violência. Há que se considerar a natureza potencialmente violenta do homem (agressividade natural), as circunstâncias e fatores de risco, além da ação "facilitadora" do álcool sobre o cérebro, manifestada pelas alterações de comportamento (agitação, agressividade, perda de controle emocional, logorréia, impulsividade etc.), que são habitualmente observadas nestas situações. Em algumas obras clássicas da literatura, situações relacionando o álcool e a violência estão bem retratadas. O álcool, enfim, agiria como desencadeador, facilitador, exarcebador e precipitador dos atos de violência dentro dos mais diversos contextos, ou seja, psicoafetivos, sociais e culturais em cada situação. A relevância dessa abordagem interessa na medida em que se busca uma melhor análise no âmbito da lei e da cultura vigente, visando ao estabelecimento de estratégias e à redução de riscos, de informação e de educação como instrumentos para política de prevenção.

JUSTIÇA TERAPÊUTICA (*DRUG COURT*)

Um programa conhecido entre nós como "justiça terapêutica" (*drug court*) surgiu há mais de 10 anos nos Estados Unidos, como resposta à difícil situação do sistema penitenciário e da prevalência do problema das drogas nesta população. O aumento do consumo de drogas verificado a cada ano e a superlotação dos presídios, com seus elevados custos, em que mais de 50% devem-se aos problemas relacionados ao uso/abuso e tráfico de drogas, constituíram os motivos básicos para este novo programa da justiça. Neste sentido, a justiça disponibilizaria o atendimento especializado para que aqueles condenados envolvidos com drogas tivessem a opção de um programa terapêutico. O réu, desde que processado por crime de menor teor ofensivo (roubos, porte ilegal e uso de drogas), em vez de ir para prisão, passaria a freqüentar um centro de tratamento sob custódia do judiciário, por período determinado. A equipe mista do judiciário e da saúde se ocuparia de coordenar e controlar o desempenho do réu durante todo o programa. Ao obter o sucesso terapêutico, o juiz poderia, de acordo com relatórios da equipe mista e sua própria avaliação, por meio das sessões nas quais teve contato regular com o réu, decidir pelo cancelamento do processo ou arquivamento, dando liberdade efetiva e anulando o registro da ocorrência inicial. Este programa, que obteve o maior sucesso nos Estados Unidos nos últimos anos, pelos resultados alcançados e pela economia resultante, vem sendo, há cerca de quatro anos, introduzido no Brasil.

Embora seja mais voltado para drogas ilícitas (cocaína, heroína, maconha etc.), o programa é também aplicado aos problemas relacionados ao álcool, usando os mesmos procedimentos.

A grande aceitação do programa nos Estados Unidos decorreu dos seguintes fatos: superlotação das prisões, tendo mais de dois milhões de presos; cerca de 50% a 60% foram condenados por envolvimento com álcool e outras drogas; elevados custos (US$ 25 a 40 mil dólares por preso/ano); índice de recaída: +/–80%; índice de reincidência no crime: 60% a 70%.

Ao contrário, o programa de justiça terapêutica mostrava que o índice de recuperação era de +/–80%; de reincidência no crime: 10%-15%; opção e adesão ao programa com custo de cerca de US$ 2.500 a 3.000/ano (dez vezes menor), e diminuição efetiva de presos nos presídios, o que refletiria no alívio imediato da superlotação. Daí o sucesso do programa, que no Brasil recebeu o nome de "justiça terapêutica", de início denominado Tribunal Especial de Drogas.

Entre nós sua implementação ainda está no início, embora as cidades do Rio de Janeiro, Porto Alegre, Recife e Salvador já trabalhem com programas semelhantes. Apesar de algumas dificuldades, o programa atualmente encontra-se em desenvolvimento efetivo. Em que pesem as diferenças da legislação e do sistema jurídico, os objetivos são semelhantes e as vantagens evidentes, mormente no que se refere ao sério problema de superlotação das cadeias e presídios.

A nova "Lei Antidrogas", recém-apresentada ao Congresso em 2002 pela Secretaria Nacional Antidrogas (SENAD), deverá fornecer ainda mais bases para a implementação dos programas de justiça terapêutica como um modelo de penas e medidas alternativas, descortinando novo cenário no enfrentamento de um dos lados da difícil questão das drogas em nosso país, que é o aspecto da repressão como política da redução de oferta.

CAPÍTULO

13

Álcool e Emergência Médica

Faz parte do movimento diário dos serviços de urgência dos hospitais de todo o mundo, o atendimento de pessoas com algum problema relacionado ao uso, abuso e à dependência de bebidas alcoólicas. Esta constatação é confirmada por todos aqueles que trabalham nestes serviços como situação banal e freqüente.

Contudo, não parece ser uma condição que tenha merecido atenção devida por falta de reconhecimento dos mesmos profissionais e, principalmente, pelos responsáveis por políticas de assistência e responsáveis pela formação dos diversos profissionais da área da saúde: médicos, enfermeiros, psicólogos, assistentes sociais, entre outros. Somos levados a constatar que isto faz parte de uma cultura, contemporânea, com seus valores e sistemas.

Por questões já consideradas em relação à subestimativa do problema de alcoolismo, a falta de uma real avaliação não nos permite tratar esta questão de forma objetiva e, assim, deixar de agir de forma pragmática a fim de minimizar as conseqüências e prejuízos.

Por outro lado, o reconhecimento da questão do alcoolismo em toda a sua dimensão é imprescindível para que se faça um melhor diagnóstico e se estabeleçam estratégias de atenção e de prevenção por meio de políticas próprias, a partir de uma perspectiva de saúde pública. Esta conduta tem sido a adotada por diversos países que desenvolvem medidas efetivas com base nos dados da prática clínica.

No que concerne aos problemas relacionados ao uso/abuso de bebidas alcoólicas, qual o médico ou equipe de saúde nos serviços de emergência que não atendeu casos de embriaguez, agitação psicomotora, coma alcoólico, vítimas de acidentes de trânsito, de trabalho ou domésticos, hemorragia digestiva por úlcera ou varize de esôfago, vítimas de agressões ou mesmo tentativas de homicídios ou de suicídios, além de complicações clínicas de doenças crônicas provocadas pelo alcoolismo? Estas situações clínicas de urgência fazem parte, naturalmente, do dia-a-dia dos serviços de emergência de todos os hospitais, tendo como uma característica especial o aumento das ocorrências nos fins de semana. Esta é a experiência comum a todos nós que já trabalhamos nos serviços de emergência nos hospitais da grande maioria das cidades, como Rio de Janeiro, São Paulo, Paris, Lisboa, Nova Yorque etc. Qualquer cidade pequena ou grande, onde o prosaico consumo de cerveja, vinho ou bebidas destiladas faz parte da vida destas comunidades, poderá ter que se deparar com os problemas de alcoolismo.

As faculdades de Medicina, Enfermagem, Psicologia e Serviço Social em geral, não abrem espaço para esta discussão por falta de visão abrangente e transversal da complexidade inerente à questão do alcoolismo. Pelo fato de as faculdades estarem presas a posições mais conservadoras e seguirem o modelo focado nas doenças que estão mais diretamente ligadas ao alcoolismo clássico, os problemas relacionados ao uso e abuso do álcool durante o final do século XX deixaram de merecer a devida atenção e uma real avaliação. A formação dos médicos e demais profissionais da área de saúde e áreas afins, sobretudo a partir dos anos de 1960, foi centrada no modelo focado na doença, supervalorizando a alta tecnologia e a alta complexidade e deixando no plano secundário a atenção básica de saúde (ABS) e as estratégias de cuidados primários de saúde (CPS) envolvidas nas ações de prevenção e de promoção da saúde (PPS).

Assim, o alcoolismo como doença, ou melhor, como complexo quadro de agravos sobre a saúde que se manifesta de variadas formas, não foi ainda reconhecido através de seu verdadeiro impacto na clínica do dia-a-dia. Todavia, nos últimos 20 anos, vêm aumentando, ainda que não tão rapidamente, uma nova abordagem do problema e uma nova consciência da efetiva dimensão e da real prevalência dos chamados "Problemas Relacionados ao Uso, Abuso e à Dependência do Álcool" (PRA).

A Alcoologia, disciplina que se propõe a estudar a relação do homem com o álcool por meio de uma visão transversal, foi sendo reconhecida a partir dos anos de 1980, e hoje é aceita na maioria dos países da comunidade européia, fazendo parte do planejamento e desenvolvimento das políticas públicas dos governos para enfrentamento dos PRA (Lima, 2003).

Neste sentido, pode-se imaginar as repercussões do alcoolismo não só na clínica do dia-a-dia, mas também na emergência médica, onde os problemas relacionados ao uso/abuso de bebidas alcoólicas se fazem presentes de modo freqüente e prevalente.

DADOS EPIDEMIOLÓGICOS

A Organização Mundial de Saúde (OMS), com base em dados de evidência clínica e de prevalência observados nas salas de emergências, passou a reconhecer, nos últimos 10 anos, com maior efetividade, que as conseqüências deletérias (patológicas) do alcoolismo representam atualmente uma das mais sérias questões de saúde pública.

Embora as bebidas alcoólicas sejam consideradas produtos de larga aceitação e uso, fazendo parte de nossa cultura há milhares de anos, não se pode desconsiderar as conseqüências e prejuízos sobre a saúde como um todo, envolvendo o indivíduo, a família, os trabalhadores e a comunidade em geral.

O Brasil encontra-se em posição especial e preocupante no que concerne às conseqüências e prejuízos relacionados ao uso/abuso de álcool. Nos últimos 10 anos, dobramos a produção e o consumo de bebidas alcoólicas, especialmente de cervejas, e ocupamos, hoje, destacada posição no *ranking* dos maiores produtores mundiais de bebidas alcoólicas (Tabela 13.1).

Tabela 13.1 ■ Produção e nível de consumo de bebidas alcoólicas no Brasil

Produção e consumo de bebidas alcoólicas no Brasil (litros/ano) – (2006)		
Cerveja	> 10,0 bilhões	
Vinho	> 400,0 milhões	
Cachaça	–1,5 bilhão	
Consumo de cerveja per capita (litros/pessoa/ano) no Brasil		
1985	22,3 litros/pessoa/ano	
1990	36,1 litros/pessoa/ano	
1995	51,3 litros/pessoa/ano	
2000	49,5 litros/pessoa/ano	
2005	50,0 litros/pessoa/ano	
Produção mundial de cerveja – *Rankins*		
1º lugar	China	27,0 bilhões
2º lugar	EUA	23,6 bilhões
3º lugar	Alemanha	10,5 bilhões
4º lugar	Brasil	10,0 bilhões

Baseado nos dados do Sind. Cerv.
Produção e nível de consumo de bebidas alcoólicas no Brasil – Dados estimados para 2006. A quantidade de álcool puro consumida está em torno de 5,5 litros/pessoa/ano.

Temos ainda um agravante que é o fato de estarmos aumentando a produção e o consumo todos os anos, à custa de fortes estímulos da publicidade, sendo esta dirigida sobretudo aos jovens e às mulheres – ao contrário de alguns outros países, onde a produção e o consumo estão relativamente estáveis ou têm até mesmo diminuído. Nestes países existe efetiva política de controle da propaganda de bebidas alcoólicas já há alguns anos.

Apesar de o Brasil estar entre os maiores produtores de cerveja do mundo, o nosso consumo ainda está bem abaixo de países como a Dinamarca, a Alemanha, a Inglaterra, os EUA e outros. No que tange ao consumo de "álcool puro" (considerando a quantidade de álcool etílico contido nas diferentes bebidas), o Brasil ainda está bem atrás da França e de Portugal – países que, nos últimos estudos, estavam em 10,0 e 11,2 litros/*per capita*, respectivamente.

Estudos recentes realizados na França mostram dados semelhantes aos dos países considerados grandes consumidores de álcool (EUA, Inglaterra, Itália, Espanha, Portugal, Bélgica, Alemanha, Dinamarca, Suécia etc.). Os dados sugerem que o impacto dos problemas relacionados ao uso/abuso de bebidas alcoólicas, em geral, é bem mais sério e prevalente do que se considerava há pouco mais de 20 anos. Do ponto de vista econômico, além da grande repercussão sobre a saúde do indivíduo (da família, e da sociedade), os prejuízos financeiros, diretos e indiretos, são bastante elevados para toda a sociedade, em especial para o próprio governo (Tabela 13.2).

A realidade atual no Brasil guarda certa relação com países que têm elevado consumo de bebidas alcoólicas. De acordo com recentes estudos da SENAD, desenvolvido por Carlini *et al.* – II Levantamento Domiciliar sobre Uso de Substâncias Psicoativas (CEBRID) –, apresentado em recente reunião (Brasília, 24 de Novembro de 2006), a estimativa de pessoas dependentes de álcool no Brasil chega a 12,3% da população de 12 a 65 anos de idade, ou seja, cerca de 18 a 20 milhões de pessoas.

Se considerarmos os outros problemas (acidentes de trânsito e de trabalho, homicídios e suicídios, violência contra a mulher e contra a criança etc.), as proporções deste problema são alarmantes pela sua extensão e por não ter perspectiva de controle eficaz.

Tabela 13.2 ■ Dados sobre repercussões dos problemas relacionados ao uso/abuso de álcool na França (a partir de estimativas)*

Mortalidade (morte/ano):	
Mortalidade (direta)	20%-30% (3ª causa de morte na França e em muitos outros países (OMS)
Acidentes de Trânsito	10%-20%
Homicídios (comuns)	40%-60%
Suicídios	20%-25%
Morbidade (considerando a população adulta)	
Dependentes e/ou doenças instaladas	+/– 10%
Internações nos hospitais gerais	25% a 35%
Clínica geral/ consultas em geral	15,9%
Distribuição por sexo:	Homens – 25%
	Mulheres – 9,7%

*Association Nacionale de Prévencion de l'Alcoolosme – Estudo Statistique – Paris, 1999.

Como se pôde constatar, os dados da Tabela 13.2 mostram um problema comum a muitos países, inclusive ao Brasil.

A França, apesar de ser um dos maiores consumidores mundiais de álcool, tem sido palco de fortes campanhas do governo e de organizações sociais contra o alcoolismo, e vem obtendo resultados positivos (queda do consumo, diminuição de vítimas fatais nos acidentes de trânsito etc.).

No Brasil, podemos estimar que o impacto efetivo do consumo de álcool venha se refletindo do mesmo modo, ou seja, como um sério e grave problema de saúde pública. Embora não se tenham estudos mais consistentes, inclusive por falta de notificação adequada, por subestimativa da questão do álcool e por motivos sócio-culturais, o fato é que ainda assim podem-se considerar alguns estudos.

Conforme se pode observar na Tabela 13.3, as repercussões do alcoolismo no Brasil, como nos outros países, podem ser consideradas um verdadeiro e grave problema de saúde pública e de segurança para a sociedade.

Em estudo realizado em São Paulo, estimou-se que os gastos com problemas relacionados ao álcool ultrapassam os 140 bi-

Tabela 13.3 ■ Problemas relacionados ao álcool no Brasil*

A. Dependência/ doenças instaladas (2006)	12,3% (da população de 12 a 65 anos); (2001:11,2%)
B. Leitos ocupados/ atendimentos (estimativas)	
B1. Hospitais de emergência	30%-40%
B2. Hospitais psiquiátricos	50%-60%
B3. Hospitais gerais	25%-30%
C. Acidentes de trânsito com vítimas fatais	
C1. Número de mortes no Brasil/2005	35.000/ano**
C2. Grande partes dos acidentes	> 60% nos fins de semana
C3. Faixa etária	80% são jovens (18 a 39 anos)
C4. Presença de álcool	70%-80%
Custos globais (estimados) do alcoolismo	> R$ 150 bilhões (7% do PIB–2007)

*Dados estimados.
**Fonte: DENATRAN.
(Lima, JMB, Abreu, AM, 2006).
CEBRID, 2006.

lhões de reais (7% do PIB), o que equivale a mais de três vezes o orçamento do Ministério da Saúde e a quase cinco vezes o do Ministério da Educação.

É fácil constatar que o governo brasileiro e as demais instituições, como p. ex., as próprias universidades, precisam enfrentar este desafio – que não é de todo muito nítido e que precisa ser enxergado com melhor nitidez e sob a perspectiva da saúde pública, através de uma visão sistêmica. O fato apontado pela OMS, de ser o alcoolismo a terceira condição de morbidade e mortalidade nos dias atuais, já é, por si só, mais do que uma clara evidência da urgente necessidade de se dar maior atenção aos diversos problemas relacionados ao uso/abuso de bebidas alcoólicas.

SITUAÇÕES CLÍNICAS DA EMERGÊNCIA RELACIONADAS AO ALCOOLISMO

As complicações clínicas clássicas do alcoolismo são em geral vistas como quadros de natureza degenerativa, tóxico-metabólica e crônica, isto é, processos que decorrem da longa ação insidiosa do etanol sobre o organismo, com maior ou menor predominância neste ou naquele órgão.

Assim, as doenças tidas como ligadas ao quadro classicamente conhecido do alcoolismo crônico não favorecem o olhar do setor de emergência, a não ser em condições tais como a síndrome de abstinência, representada pelo quadro de *delirium tremens*, visto com relativa freqüência nos serviços de emergência clínica.

Outro quadro do alcoolismo freqüente nos serviços de emergência refere-se às situações de estado confusional e de agitação psicomotora, atendidas nos serviços de pronto-socorro das grandes cidades, sobretudo nos finais de semana. Muitas vezes, casos mais graves, com lesões corporais de porte maior que necessitam de intervenção cirúrgica, podem trazer conseqüências mais sérias. É comum nas ocasiões de festas, como fim de ano e carnaval, ou mesmo nos grandes clássicos do futebol, quando torcidas organizadas entram em conflitos, aumentarem os atendimentos nos serviços de emergências. O abuso de álcool nestas ocasiões está quase sempre envolvido, como é de conhecimento de todos.

CONDIÇÕES CLÍNICAS RELACIONADAS AO ÁLCOOL NAS EMERGÊNCIAS

Inúmeras situações clínicas relacionadas ao uso e abuso de bebidas alcoólicas, definidas como manifestações agudas e que levam grande número de pacientes aos pronto-socorros, representam significativa parte do atendimento de emergência. Notemos que este número não é bem estimado quanto ao seu impacto e quanto aos custos sócio-econômicos gerados pelos administradores dos serviços hospitalares, fazendo com que permaneça a "negação" do papel do alcoolismo.

Enumeremos então as condições clínicas de emergência relacionadas ao álcool:

1. **Intoxicação alcoólica aguda**: situação das mais comuns e conhecidas, manifestada por meio de quadros de agitação psicomotora, confusão mental, agressividade, mal-estar, enjôos e vômitos, episódios de perda da consciência e até convulsões tônico-clônicas. É um quadro complexo e variável, conforme fatores diversos de natureza biopsicossocial, além do próprio grau de intensidade do alcoolismo. É freqüente nos serviços de emergência das grandes cidades, atingindo cada vez mais a população jovem. Poderá, em alguns casos, converter-se em situação de risco e contribuir para um desfecho fatal, devido às complicações cardiovasculares ou ao próprio estado de coma alcoólico.
2. **Síndrome de abstinência (com *delirium tremens*)**: quadro clínico de relativa gravidade, caracterizado por agitação, tremor de extremidades, confusão mental e alucinações, febre, sudorese, taquicardia, convulsões etc. Observado nos alcoolistas crônicos (dependentes) quando da parada do consumo, é uma situação grave que precisa ser atendida com urgência, e de forma adequada. Quadro freqüente na experiência diária, é às vezes subestimado quanto ao atendimento pelos profissionais de saúde, que carecem de noção da real gravidade e de maiores informações sobre este assunto para o atendimento clínico e posterior orientação.

3. **Crises convulsivas e álcool – epilepsia alcoólica**: as crises convulsivas observadas nos pacientes que fazem uso ou abusam de álcool podem estar vinculadas a diversas situações clínicas. As mais comuns e conhecidas são as do quadro de síndrome de abstinência (com *delirium tremens*). Outras situações podem ser identificadas, tais como: uso de álcool por pacientes com epilepsia diagnosticada ou casos em que a doença se manifesta (crises) quando do abuso de bebida alcoólica. Interação medicamentosa com álcool pode ser também uma das causas de crises convulsivas episódicas. Em alguns raros casos, a soma de fatores epileptogênicos (hipoglicemia, fadiga, desidratação, estresse, privação do sono etc.) associada ao uso de álcool pode ser a causa de crises convulsivas simples. Pacientes com relato de dependência (alcoolismo crônico) podem ter crises convulsivas relacionadas às seqüelas de traumatismos crânio-encefálicos (TCE) anteriores (cicatrizes meningocorticais, glioses corticais, hematomas sub ou extradurais etc.). Por fim, existem casos nos quais o próprio alcoolismo produz lesões cerebrais (corticais), podendo ser a condição patológica causal (etiopatogênica) do quadro convulsivo. Nestes casos, podemos considerar a epilepsia alcoólica como uma entidade nosológica autônoma.
4. **Hemorragias digestivas**: quadros de hemorragias digestivas, verdadeiras urgências médicas e às vezes fatais, podem ser identificados como situações vinculadas ao uso/abuso de álcool. Estes casos anteriormente diagnosticados de úlcera de estômago ou de varizes de esôfago são condições comuns observadas em alcoolistas crônicos. Estas são urgências de destacada prevalência nos serviços de emergência e que, no entanto, não são vinculadas primariamente aos "Problemas Relacionados ao Álcool" nem recebem a devida orientação clínica para evitar novos episódios no futuro – para isto, bastava, no momento da liberação/alta, encaminhar o paciente ao serviço social e orientá-lo.
5. **Situações clínicas relacionadas a tentativas de suicídio**: geralmente relacionadas à ingestão de medicamentos ansiolíticos, hipnóticos ou antidepressivos associados ao álcool, em

pacientes com histórico de alcoolismo e depressão. É preciso considerar que esta condição, a depender da gravidade, pode necessitar de atendimento em regime de centro de terapia intensiva (CTI). O álcool, como grande depressor citometabólico, pode induzir a quadro comatoso importante, sobretudo nos casos de associação com barbitúricos. São conhecidos os casos de vários artistas que intencional ou inadivertidamente foram vítimas fatais desta situação.

6. **Miocardiopatia dilatada/alcoólica**: o quadro de miocardiopatia relacionada ao alcoolismo, identificado em alguns casos, é uma condição clínica que tem sido mais valorizada recentemente. O alcoolismo como processo crônico tóxico-metabólico compromete as células miocárdicas (músculo cardíaco), levando a um enfraquecimento pelo mecanismo de apoptose (morte celular prematura) e induzindo ao quadro de esclerose miocárdica, ou seja, diminuindo a força contrátil e a dilatação das cavidades cardíacas. Este processo é irreversível e conduz a quadros clínicos de insuficiência cardíaca de graus variados. Eventualmente, manifestações de descompensação cardiovascular podem ser motivos de atendimento nas emergências.
7. **Falência múltipla de órgãos relacionada ao alcoolismo (FMO-A)**: termo surgido no ambiente dos CTI, foi instituído para caracterizar situações clínicas de natureza complexa e de evolução protraída, referindo-se a quadros geralmente graves e terminais como conseqüência da insuficiência funcional de diversos órgãos vitais (coração, rins, pulmões, fígado, cérebro, entre outros). A FMO-A pode ser observada nos casos de alcoolismo avançado e/ou descompensado, nos quais se observa a falência hepática (cirrose) associada a miocardiopatia e a encefalopatia crônicas, além de todo um cortejo de manifestações clínicas complexas advindo do comprometimento de outros órgãos ou sistemas.

Os exames laboratoriais mostram um quadro de desequilíbrio metabólico decorrente da ação crônica do álcool, associado a estado carencial crônico, promovendo um verdadeiro processo de apoptose metabólica ao longo de anos. Neste sentido, os quadros clínicos avançados de alguns pacientes são atendidos em serviços de emergência e encaminhados para o CTI, a fim de se tentar o reequilíbrio clínico, muitas vezes já impossível e de evolução fatal. Nestes casos, o diagnóstico de falência múltipla dos órgãos relacionada ao álcool pode ser estabelecido para pacientes em condições resultantes da fase avançada do alcoolismo crônico.

A proposição deste diagnóstico clínico especial não é nenhuma novidade para aqueles pacientes já bastante descompensados do alcoolismo crônico. Tivemos algumas vezes a oportunidade de atender pacientes com esse quadro avançado e terminal, com o complexo cortejo de manifestações secundárias à insuficiência de diversos órgãos relacionadas à ação degenerativa tóxico-metabólica crônica, resultante do alcoolismo crônico. Deste modo, o diagnóstico de FMO-A passa a ser mais uma condição nosológica a figurar com mais consistência no rol das doenças relacionadas ao alcoolismo reconhecido com mais pertinência no contexto atual da Medicina.

8. **Acidentes de trânsito**: nos serviços de emergência, onde são atendidos com freqüência, os politraumatizados, graves ou não, decorrentes de acidentes de trânsito, precisariam ser mais bem avaliados no que tange ao consumo recente de álcool. Sabe-se que grande parte destes acidentados apresenta taxas de alcoolemia (teor alcoólico no sangue) que precisam ser avaliadas para orientar melhor o próprio atendimento e a realização de alguns procedimentos. O nível do teor alcoólico no sangue pode estar relacionado ao quadro de confusão mental e interferir com as respostas aos medicamentos utilizados em muitos casos, inclusive naqueles que precisam ser submetidos a procedimentos cirúrgicos e receber anestesia.

Vale observar que o limite máximo da taxa alcoólica permitida pelas leis de trânsito brasileiras é de 0,6 g/l de sangue (Legislação Brasileira de Trânsito). Contudo, para muitas pessoas existe um limiar de sensibilidade mais baixo, casos nos quais um teor alcoólico inferior a este pode ser suficiente para provocar perturbação sensorial na condução de veículos ou máquinas, representando efetivo risco de acidentes. Portanto, podemos sugerir que taxa de alcoolemia de 0,2 a 0,3 g/l seria um limite mais seguro para a condução de veículos automotores nas estradas brasileiras, sem desconsiderar que o ideal seria taxa de alcoolemia zero, como é preconizado por muitos estudiosos.

É importante salientar, neste sentido, o fato de que não existe bebida alcoólica leve, ou seja, a dose padrão de qualquer tipo de bebida, fermentada ou destilada tem a mesma quantidade aproximada de álcool puro: 12 a 14 g de álcool puro/dose. Assim, a cerveja com teor alcoólico de 5% não é uma bebida leve, e deve ser considerada nos casos de atendimento nos OS ≥ PS (Pronto-Socorros) ou SE (Serviço de Emergências) em face dos procedimentos a serem realizados. Saber sobre o abuso de cerveja, sobretudo na população jovem, é de suma importância na ocasião do atendimento na emergência.

É, portanto, importante a adequada identificação da presença de álcool também para fins de registros epidemiológicos, pois nos acidentes de trânsito com vítimas fatais o álcool está presente em mais de 70% das vezes, sendo a primeira causa de mortalidade entre adultos jovens (20 a 40 anos) no Brasil. Além disso, os acidentes de trânsito matam mais de 35.000 pessoas por ano e deixam mais de 350.000 pessoas feridas, entre estas mais de 50% são atendidas nos serviços de emergência em nosso país. O consumo de álcool, segundo as vítimas está relacionado a esses acidentes.

Pesquisas recentes nos EUA (Improving Global Road Safety – Resolução ONU – Assembléia Geral 01/ 12/ 2005), realizadas pelo departamento de trânsito, apontam dados semelhantes: 41 mil mortes/ano, sendo 16 mil devidas ao álcool (40%), representando custos globais na faixa de 230 bilhões de dólares/ano (50 bilhões devidos aos acidentes envolvendo o uso de bebidas alcoólicas).

Outras situações de emergência podem estar envolvidas com o uso/abuso de álcool de modo direto ou indireto, fazendo com que, de qualquer forma, a atenção dos profissionais de saúde e das autoridades responsáveis por políticas de saúde e de segurança seja dirigida para esta questão cada vez mais presente no nosso cotidiano.

CONCLUSÃO

É questão de grande relevância o fato de se considerar o alcoolismo, ou melhor, os problemas relacionados ao uso/abuso do álcool, conforme a OMS sugere, uma questão maior de saúde pública, tendo em vista as evidências clínicas no cotidiano da prática médica. Sendo a terceira maior causa de morbidade e de mortalidade no mundo, depois de doenças cardiovasculares e das doenças ligadas ao câncer (considerando-se que muitos casos de câncer estão diretamente ligados ao álcool), fazem-se necessários maiores esforços no sentido de valorizar a visão sistêmica do alcoolismo.

Deve-se observar que a abordagem convencional de entidades como os alcoólicos anônimos (AA) é importante e mesmo indispensável para boa parte dos casos que se beneficiam desta abordagem. A experiência européia é de grande relevância, e a Alcoologia, como uma disciplina criada na França, representa um grande avanço nesta direção. Políticas públicas e empreendimentos nas áreas de saúde e educação envolvendo a alcoologia vêm sendo parte das ações e estratégias do plano de ação de alguns países da Comunidade Européia (Plano Europeu de Combate ao Álcool – Conferência de Paris, 1995).

Nos EUA, governo e instituições têm realizado ações estratégicas de enfrentamento dos problemas relacionados ao álcool por meio de políticas internas bem estabelecidas e eficazes, como se pode constatar em muitos relatos e publicações na literatura.

No Brasil, ainda não parece haver ambiente ou espaço para considerar o verdadeiro impacto dos problemas relacionados ao uso/abuso de bebidas alcoólicas e suas conseqüências e prejuízos. É preciso prestar atenção ao fato de que somos um dos maiores produtores de bebidas alcoólicas do mundo no momento, e que existe no país forte pressão para aumentar o consumo, estimulando intensamente a demanda, por meio de maciça publicidade voltada, sobretudo, para os jovens e mulheres.

Em muitos países, o consumo vem se estabilizando, e no Brasil, ao contrário, este vem se elevando a cada ano. É preciso fazer algo – como tem sido feito com sucesso no caso do tabagismo que, com base nas evidências clínicas e psicossociais, não causa o mesmo impacto verificado no espectro de problemas relacionados ao uso, abuso e à dependência do álcool.

Embora, nos últimos anos a SENAD, entre outras instituições, venha dando maior atenção à questão dos problemas relacionados ao uso e abuso do álcool, a nossa cultura neste campo ainda parece estar fortemente influenciada pelo combate às drogas ilícitas. Outro fator que impede maior visão e abrangência dos problemas relacionados ao álcool é a predominância da abordagem da saúde mental sobre a abordagem da saúde pública, que foca a questão do tratamento em detrimento da prevenção. Esta visão, aliás, faz parte do modelo médico-assistencial prevalente no exercício das atividades vinculadas à medicina dita moderna, com base na alta complexidade e na busca de novos medicamentos: a cultura da doença com maior espaço na cultura da saúde, não deixa espaço para uma maior reflexão sobre a complexidade de nossa realidade contemporânea como aponta Edgar Morin, no seu livro *Religação dos Saberes* (E. Morin, 2002).

O Ministério da Saúde, em recente relatório sobre as novas diretrizes do contato ao alcoolismo, trata do problema quase que exclusivamente pela óptica da saúde mental, deixando de lado inúmeras questões diretamente ligadas ao uso/abuso do álcool que deveriam ser contempladas dentro de uma visão sistêmica; assim, situações patológicas (doenças ou distúrbios orgânicos) tais como doenças do aparelho digestivo (cirroses, hepatites tóxicas, pancreatites, gastrites, varizes de esôfago, hipertensão porta, câncer de orofaringe e de esôfago, colite), doenças cardiovasculares (miocardiopatas, distúrbios circulatórios, hipertensão arterial sistêmica), doenças neurológicas (polineuropatias, epilepsia, atrofia cerebral e distúrbios neurocognitivos, além de manifestações neuropsiquiátricas), acidentes de trânsito, do trabalho e domésticos e suas conseqüências representadas na traumato-ortopedia, síndrome alcoólica fetal, agravos sobre a saúde por causas externas (homicídios, suicídios, agressão contra mulher) e outras situações que não são incluídas, merecem ser tratadas dentro de uma política constante de combate à complexa questão dos problemas relacionados ao uso e abuso de bebidas alcoólicas, como podemos observar no Plano Europeu de Ação contra o Alcoolismo, adotado há vários anos pelos diversos países da Comunidade Européia.

Precisamos, portanto, rever com maior amplitude esta questão que está por merecer uma efetiva reflexão, pois a cada ano aumentam perigosamente a produção e o consumo de bebidas alcoólicas, e por conseqüência, aumenta também a gama de problemas relacionados ao uso e abuso de álcool, com as esperadas e conhecidas conseqüências e prejuízos que hoje alcançam 7% do nosso PIB, ou seja, cerca de R$ 150 bilhões. É muito dinheiro gasto para que não estejamos dando a devida atenção. O que está faltando? É preciso responder a esta questão o mais breve possível.

CAPÍTULO

14

Repercussões do Uso/Abuso do Álcool na Saúde e na Economia

Os problemas do uso, abuso e/ou dependência das bebidas alcoólicas são relativamente conhecidos por todos nós, no que concerne às manifestações tradicionalmente descritas na medicina. Pela "ótica vigente", as doenças do alcoolismo estão relacionadas, em geral, à área da saúde mental, porquanto esta é a praxe do sistema de saúde não só entre nós, como também na grande maioria dos países envolvidos com estes problemas. Deste modo, pacientes com doenças efetivamente relacionadas à ação tóxica do álcool, como p. ex., miocardiopatia dilatada, esteatose ou cirrose hepática, pancreatite aguda ou crônica, gastrite ou úlcera gástrica, polineuropatia sensitivo-motora, síndrome alcoólica fetal etc. deixam em geral de receber o diagnóstico de alcoolismo por estas não estarem reconhecidas e codificadas claramente no CID-10.

Por outro lado, a nossa cultura médica subestima e/ou desconhece adequadamente a gama de problemas de saúde relacionadas ao álcool. Um dos fatores desta postura encontra-se na ausência do devido espaço no *curriculum* de graduação dos cursos de formação dos profissionais da área da saúde (Medicina, Enfermagem, Psicologia, Serviço Social etc.). É evidente que estes profissionais irão lidar no seu dia-a-dia, de modo direto ou indireto, com problemas decorrentes do alcoolismo. É desnecessário dar exemplos, pois todos nós poderíamos citar inúmeros. É de constatação geral a prevalência de tais problemas que, como já foi dito, são hoje verdadeiras questões de saúde pública.

No que tange aos problemas da área jurídico-legal e da área da pedagogia, o mesmo ocorre, pois os profissionais destas áreas também terão de enfrentá-los freqüentemente. Nos presídios e delegacias é sabido que mais da metade das questões estão relacionadas ao álcool e à violência, envolvendo também outras drogas. As professoras dos cursos primário e secundário poderiam ser mais bem "capacitadas" para enfrentar um dos principais problemas presentes no dia-a-dia das escolas: o uso de álcool e drogas ilícitas (maconha, cocaína, *crack*, cola etc.) pelos jovens de hoje.

Portanto, é fácil verificar que a prevalência e extensão da questão, além da sua própria complexidade, são motivos suficientes para justificar a necessidade de se ampliar o enfoque, englobando os diversos aspectos dentro de uma visão sistêmica.

Levando-se em conta as repercussões sobre a saúde e considerando não só as manifestações clínicas clássicas – as quais se referem mais à dependência – mas também às relacionadas com o uso e abuso, grande número de distúrbios e/ou doenças constituídas pode ser arrolado, conforme podemos observar nas Tabelas 14.1 e 14.2.

Tabela 14.1. ■ Impacto das doenças/distúbios relacionados ao uso/abuso, e dependência do álcool no sistema de saúde[1]

Eventos/Procedimentos	*%*
Internações e atendimento serviços de psiquiatria:	50 a 60%
Internações e ambulatórios dos hospitais gerais	30%
Atendimentos nos serviços de emergência	> 40%
Acidentes de trânsito – Internações/CTI	20 a 30%
Atendimentos das vítimas da violência urbana[2]	?
Assistência pós-hospitalar/reabilitação	?

[1]Dados estimados – 2006
[2]Agressões, violência física

Tabela 14.2 ■ Distúrbios e/ou doenças relacionados ao uso, abuso e dependência do álcool

1. **Sistema Nervoso Central e Periférico**
   - Encefalopatia tóxica aguda (confusão mental/embriaguez)
   - Atrofia cerebral e distúrbios cognitivos leves ou moderados
   - Atrofia cerebral e distúrbios cognitivos graves (demência alcoólica)
   - Epilepsia alcoólica e outros distúrbios epilépticos (crises convulsivas benignas, crises convulsivas do *delirium tremens*, crises convulsivas no paciente epilético, epilepsia alcoólica
   - Síndrome de Korsakoff
   - Síndrome de Wernicke
   - Síndrome de Marchiafara-Bignami
   - Atrofia cerebelar
   - Polineuropatia sensitivo-motora
   - Mononeuropatia (por compressão – *saturday night palsy*)
   - Mielopatia (esclerose combinada da medula)
   - Distúbios cognitivos leves: amnésia, queda do rendimento escolar, ou queda da produtividade no trabalho, desorientação tempo/espaço, *black-outs*
   - Distúrbios neurovegetativos (labilidade vascular, hipotensão arterial, distúrbios da motilidade intestinal, alterações relacionadas ao sistema nervoso vegetativo)
2. **Aparelho Gastrointestinal**
   - Fígado: esteatose, cirrose, câncer, hepatite tóxica
   - Pâncreas: pancreatites aguda e/ou crônica
   - Estômago: gastrite, úlcera gástrica, duodenite, dispepsia gástrica, câncer
   - Intestino: colite, déficit de vitaminas, síndrome de má-absorção
3. **Aparelho Cardiovascular**
   - Miocardiopatia dilatada
   - Hipertensão arterial
   - Hipotensão arterial (síndrome neurovegetativa)
   - Arritmias
4. **Sistema Muscular**
   - Miopatia tóxico-metabólica
   - Mioglobinúria (rabdomiólise)
5. **Pulmão**
   - Pneumonia, tuberculose
   - Pneumonia por aspiração
6. **Sistema Hematológico**
   - Anemia megaloblástica
   - Anemia ferropriva (sangramento de erosões de mucosas ou de varizes esofágicas)
   - Anemia aplásica (efeito tóxico-depressor do etanol)
   - Trombocitopenia
7. **Distúrbios Metabólicos**
   - Acidose (cetoacidose)
   - Hipoglicemia
   - Hipomagnesemia e hipocalcemia
   - Hipertrigliceridemia (risco vascular)
   - Hiperuricemia (ácido úrico/gota)
8. **Sistema Endócrino**
   - Distúrbios da secreção hormonal: T_3 e T_4 (tireóideos), síndrome pseudo-Cushing
   - Atrofia testicular (infertilidade)
   - Dismenorréia
9. **Sistema Osteoarticular**
   - Osteoporose, osteopenia
   - Fraturas (maior predisposição a)

Na Tabela 14.2, podemos constatar o grande espectro das inúmeras doenças relativamente conhecidas, embora subestimadas, que estão relacionadas ao uso, abuso e/ou à dependência do álcool. No entanto, algumas destas não figuram efetivamente como problemas clínicos relacionados ao alcoolismo. Estas enfermidades estariam bem colocadas no prisma do modelo médico, apesar de os médicos não procurarem a relação causal prevalente e predominante do fator principal, de acordo com a nova visão de doenças multifatoriais (complexidade natural das doenças crônico-degenerativas não transmissíveis).

Neste sentido, na atual situação dos sistemas públicos e privados de saúde de grande parte dos países mais desenvolvidos, a abordagem sistêmica está sendo alvo de grande discussão em face das graves questões de viabilidade e sustentabilidade dos mesmos, mostrando que a abordagem clássica baseada na excessiva especialização terá de ser modificada para um modelo mais abrangente e com maior ênfase na prevenção e visão sistêmica, enfatizando as estratégias de promoção da saúde, levando-se em conta os fatores de risco e os de proteção da saúde como um todo, e condição de bem-estar. Contudo, poderíamos aumentar a lista das enfermidades ao considerar outras "patologias" decorrentes, direta e/ou indiretamente, da relação com as bebidas alcoólicas. Esta vinculação é válida e pertinente, além de legítima, se levarmos em conta o impacto social e econômico destas enfermidades como custos do sistema de saúde. Neste sentido, justifica-se acrescentar como exemplos as situações relacionadas na Tabela 14.3, mesmo porque, além de serem um problema médico, são também um problema de segurança pública, que tem o seu custo social.

Não se trata aqui de exagerar, mas de chamar a atenção para uma nova maneira de enfocar o problema a partir de uma visão mais ampla e integrada, como propõe a Alcoologia. Os gastos e os prejuízos sociais e econômicos, além dos da saúde, são por demais elevados e complexos para serem deixados de lado. Com este enfoque se justifica que, em face da extensão e prevalência do alcoolismo, os cursos universitários, p. ex., poderiam inserir nos seus currículos profissionalizantes a disciplina relativa aos

Tabela 14.3 ■ Outras situações de saúde relacionadas ao alcoolismo

1. **Acidentes de Trânsito**
   Politraumatismos
   Traumatismo crânio-encefálico (cirúrgico e não-cirúrgico)
   Traumatismo raquimedular (seqüelas graves e/ou permanentes)
   Lesões de vísceras (com ou sem seqüelas)
   70% dos acidentes fatais envolvem o álcool
2. **Violência Urbana**
   Agressões com ferimentos leves ou graves
   Homicídios
   Suicídios
   Agressões contra as mulheres e contra as crianças (assédio sexual violento, estupro etc.)
   Agressões e lesões dentro de grupos (torcidas organizadas, gangues urbanas etc.)
3. **Acidentes de Trabalho e Doenças do Trabalhador**
   Absenteísmo, queda da produtividade
   Licenças médicas
   Aposentadoria precoce
4. **Síndrome Alcoólica Fetal**
   Retardo mental
   Déficit de atenção/hiperatividade/déficit escolar
   Malformações orgânicas, dismorfias osteoesqueléticas

"Problemas Relacionados ao Álcool e outras Drogas" (PRAD) na maioria das carreiras, tanto da área da saúde como nas áreas das ciências humanas e áreas jurídicas. Por outro lado, é importante tomar o devido cuidado de não se passar idéias de "demonização" do álcool, como aconteceu e acontece ainda em certas culturas, com relação às drogas ilícitas. Deve-se assim, buscar efetiva situação dos problemas dentro de contextos definidos sócio-culturalmente.

Já mencionamos anteriormente que, sobretudo nos países da Europa, o papel da indústria de bebidas alcoólicas é fundamental como atividade sócio-econômica de peso e na vida de povos em que a tradição das bebidas alcoólicas está intimamente ligada à própria cultura, à história e à economia.

Conforme podemos observar na Tabela 14.4, os custos diretos e indiretos do alcoolismo, ou seja, os diretamente ligados às doenças e/ou distúrbios clínicos e os relacionados a seqüelas e reabilitação ou afastamentos por licenças, temporários ou per-

Tabela 14.4 ■ Custos do alcoolismo no Brasil, nos Estados Unidos e na França

País	*População*	*PIB*	*Custos*	*PIB (%)*
Brasil	185 milhões	US$ 1,1 trilhão	> (+/–) R$ 140 bilhões (US$ 70 bilhões*)	7%
Estados Unidos	290 milhões	US$ 11 trilhões	> (+/–) US$ 300 bilhões	3%
França	65 milhões	US$ 1,7 trilhão	> Fr$ 160 milhões (US$ 22 bilhões)	1,5%

*Valor estimado do dólar em junho de 2007.
Obs.: Orçamento do Ministério da Saúde (2006): R$ 45 bilhões
Custos do alcoolismo, por pessoa, por ano: R$ 700,00 (US$ 350,00)
Recursos do orçamento, por pessoa, por ano: R$ 220,00 (US$ 110,00)

manentes (aposentadorias precoces), representam somas enormes de recursos financeiros que comprometem pesadamente o sistema e a sustentabilidade do mesmo. Incluindo os gastos com os acidentes de trânsito e os prejuízos mensuráveis da violência, os gastos com os problemas relacionados ao alcoolismo no Brasil passam dos 140 bilhões de reais, ou seja, cerca de 7,0% do nosso PIB atual, como foi assunto de recente reportagem de revista semanal de grande circulação no país. Deste montante, parte significativa dos custos dos acidentes de trânsito está incluída na conta do alcoolismo; os custos dos acidentes ficam em torno de 22 bilhões de reais (US$ 11,0 bilhões).

Como se pode verificar, os custos são bastante elevados também nos Estados Unidos e na França, o que ocorre de forma semelhante em muitos países ocidentais. Na América Latina, o México e a Venezuela são os países que mais consomem cerveja, juntamente com o Brasil. Contudo, apesar dos elevados gastos, não se constata, na maioria das pessoas e profissionais de saúde, a consciência do verdadeiro impacto sócio-econômico no Brasil.

Considerando o orçamento do Ministério da Saúde, constatamos que o alcoolismo é responsável por gastos três vezes superiores. Tal fato deveria traduzir-se em justificativa para implantação de estratégias de redução de gastos, bem como motivo suficiente para mobilização em termos de saúde e segurança pública. O que se observa em outros países, que têm ações voltadas para a prevenção mais efetiva, é exatamente a preocupação com políticas integradas permanentes, para reduzir a conta do alcoolismo.

Se estabelecêssemos metas ambiciosas de redução dos gastos de 20% para daqui a cinco anos, já seria um excelente resultado, representando para os cofres públicos uma economia de cerca de 30 bilhões de reais, ou seja, 60% do atual orçamento do Ministério da Saúde (2007), ou, ainda, cerca de 70% do valor da CPMF/2007.

Por outro lado, urge tomar certas providências para reduzir as conseqüências e prejuízos, uma vez que, pela velocidade do aumento da produção retratada pelos altos investimentos neste mercado ainda com demanda "reprimida", nos próximos anos veremos a piora do quadro atual. Nesse sentido, medidas de prevenção de baixo custo, com ênfase na informação e educação, consistentes, contínuas e bem coordenadas, poderão ser estabelecidas em níveis local e nacional, seguindo as recomendações da nossa recém-lançada *"Política Nacional Antidrogas" (PNAD)*, pela Secretaria Nacional Antidrogas – SENAD. Embora a PNAD centralize a questão predominante nas drogas ilícitas (maconha, cocaína etc.), as diretrizes para o combate ao alcoolismo e tabagismo são bastante relevantes, sobretudo no que concerne ao álcool com o recente lançamento da Política Nacional sobre o Álcool (PNA) (Decreto 6.117/2007).

Todavia, pelo que se está estabelecendo como política pública, ainda persistem no âmago das estratégias os conceitos e preconceitos das últimas décadas com relação ao alcoolismo em nosso país. Daí, vermos a Alcoologia como uma nova proposição entre nós, apesar de já ser bastante conhecida nos países da Comunidade Européia e que poderia ser adotada como política de saúde pública e de medicina preventiva, como aconselha a OMS, para diminuir os índices de morbimortalidade associados ao alcoolismo.

Enfim, embora se possa demonstrar em termos econômicos o "verdadeiro" impacto dos problemas relacionados ao alcoolismo no Brasil, como em outros países, onde o consumo de bebidas é prevalente, fica difícil dimensionar a extensão e o impacto das conseqüências sociais, focando a família, a escola, o trabalho, o trânsito etc. como cenários de maior vulnerabilidade.

Recentes estudos sobre a síndrome alcoólica fetal também mostram uma preocupante e grave questão social pedagógica ainda não bem dimensionada, que se soma aos prejuízos já relatados. Portanto, fazem-se necessários melhores estudos e pesquisas para se desenhar melhor este "impacto" do alcoolismo em nossa sociedade, que imaginamos ser muito alto.

Por fim, cabe observar, em termos de ações e estratégias de políticas públicas, a necessidade de se estabelecer e implementar programas que levem em conta a real extensão dos problemas relacionados ao uso, abuso e à dependência do álcool em nosso país, porquanto a política proposta há poucos anos pela Secretaria Nacional Antidrogas privilegia as drogas ilícitas, por seu contexto ligado ao tráfico e à violência.

Há que se refletir dentro das peculiaridades e parâmetros de nossa própria realidade brasileira contemporânea, sobre o estabelecimento de ações e estratégias genuínas e nacionais, no que se refere a políticas públicas e programas que levem em conta a real extensão dos problemas.

Recentemente, a própria SENAD deslocou o seu enfoque, enfatizando mais a prevenção, embora a repressão continue sendo importante foco de atenção e preocupação, que tem na Polícia Federal a instituição mais envolvida na estratégia de combate e ao crime organizado. Contudo, foi da mais alta relevância a assinatura da criação do Decreto 6.117, em 22 de maio de 2007, com base nas recomendações da própria SENAD, pena que o Brasil passasse a ter maior apoio nas ações e estratégias a serem desenvolvidas no enfrentamento dos problemas relacionados ao álcool.

CAPÍTULO

15

Aspectos da Prevenção

Sem subestimar o valor das ações do tratamento efetivo, o papel da prevenção (primária, secundária e terciária) no tocante aos problemas relacionados ao álcool é de suma importância, não só pela maior resolutividade, mas também pelo baixo custo relativo e pelo menor grau de complexidade das ações desenvolvidas (programas de baixa complexidade).

Levando-se em conta a natureza biopsicossocial dos problemas relacionadas ao uso, abuso e à dependência do álcool, que encerram por si sós toda uma complexa relação entre os diversos fatores, individuais e/ou coletivos, as ações e estratégias de prevenção revestem-se de certos cuidados e planejamentos bem estruturados. Outros pontos importantes das ações preventivas precisam considerar de forma efetiva o público-alvo e as situações de risco envolvidas. Sobretudo no que tange ao alcoolismo, pela significativa representatividade sócio-cultural em nossa civilização, há que se dar maior atenção ao aspecto humano desta relação. Neste sentido, as campanhas e ações preventivas mais radicais contra bebidas perdem seu impacto, mormente entre os jovens. Por outro lado, a publicidade indutora do consumo de bebidas alcoólicas, sobretudo a da cerveja, que tem na juventude seu alvo preferido, é altamente atraente, sofisticada e cara. Estima-se que a indústria da cerveja no Brasil gaste mais de 800 milhões de reais por ano em propaganda.

O aumento do consumo de bebidas não tem sido motivo de preocupação tanto quanto deveria, no sentido de promover ações e estratégias mais consistentes e permanentes por parte dos diversos órgãos de governo. No que concerne aos acidentes de trânsito, p. ex., alguns importantes programas como o "PARE", do Ministério dos Transportes, têm servido de referência como estratégia para reduzir as conseqüências do abuso de bebidas alcoólicas, responsáveis em grande parte pelos acidentes fatais. Contudo, o Brasil continua a ser um dos países com maior índice de acidentes de trânsito com mortes em todo o mundo. As fortes e consistentes campanhas nos Estados Unidos e na Europa fizeram baixar tais índices nos últimos anos, ao contrário no Brasil, onde estes permanecem elevados.

Considerando a elaboração das estratégias de cunho preventivo, outro aspecto de relevância é a capacitação dos profissionais da área de atenção primária, envolvidos com as equipes multiprofissionais existentes em alguns centros de tratamento.

Vários relatos já mostraram o importante papel das equipes multidisciplinares, enfermeiros e psicólogos na prevenção do tabagismo, porém não existe a mesma concepção em relação ao alcoolismo, por falta de uma proposta efetiva apoiada por maior conscientização dos problemas que ainda não estão presentes na cultura dos saberes da saúde e da educação no Brasil, no tocante à saúde pública.

Nessa perspectiva, as equipes de atenção básica de saúde (assistência primária), inclusive o Programa de Saúde da Família, instituído com sucesso há alguns anos pelo Ministério da Saúde, poderiam ser um excelente instrumento facilitador das ações de prevenção primária e secundária voltadas para os problemas relacionados ao álcool. De certa forma, um trabalho com estas características já vem sendo desenvolvido de forma embrionária no setor de Doenças Crônicas Degenerativas/Coordenação de Saúde Coletiva do Estado do Rio de Janeiro, por meio da instituição de programa que privilegia a saúde pública e a abordagem dos fatores de risco na patogenia de doenças prevalentes. O alcoolismo e o tabagismo passam a ser tratados pela ótica da saúde pública e não tão-somente pelo enfoque da "dependência química" dentro do contexto da saúde mental, que é importante e indispensável, mas não é suficiente para dar conta da complexidade e da crescente demanda de problemas relacionados no nível da Saúde Pública.

Na recém-lançada "Política Nacional Antidrogas (PNAD)", pelo SENAD (2001), as ações e estratégias de "redução de demanda" merecem grande destaque, mostrando importante sintonia com as políticas de prevenção mais avançadas.

■ FATORES DE RISCO NAS ESTRATÉGIAS PREVENTIVAS

A interação de múltiplos fatores que influenciam a "causalidade direta e/ou indireta" relativa ao comportamento adicto vem sendo bastante considerada. O "Centro de Prevenção de Abuso de Substâncias" da cidade de Washington classifica as áreas ou domínios de risco e de proteção abrangendo o indivíduo, a família, os amigos, a escola e a comunidade em geral, incluindo aqui o ambiente do tráfego de veículos e do trabalho. Cada item destes deverá suscitar estratégias específicas e coerentes na elaboração dos programas de prevenção, como apontam os estudos de metanálise, conforme recentes relatos de Phllip Beasley (Departamento de Saúde e de Prevenção ao Uso de Drogas do Distrito de Columbia – Estados Unidos) durante o "Seminário sobre Ações Preventivas do Uso/Abuso de Álcool e outras Drogas" entre jovens, realizado pela ABRAD (Associação Brasileira de Alcoolismo e Drogas) na Universidade Gama Filho – Rio de Janeiro (2002). De acordo com estes e outros estudos, os fatores de risco desempenham forte poder de influência no consumo de álcool e outras drogas.

Fatores de Risco

- Pobreza, baixo poder aquisitivo.
- Alto índice de desemprego.
- Moradias inadequadas (favelas).

- Baixa adesão escolar (fora da escola).
- Discriminação racial e social.
- Baixa expectativa de desenvolvimento.
- Elevado índice de estresse na família.
- Pais desempregados ou subempregados.
- Pais com baixo nível de escolaridade.
- Conflitos conjugais, separações.
- Famílias numerosas; mães solteiras.
- Pais usuários de álcool e drogas.
- Problemas físicos ou mentais.
- Déficit de atenção/baixo rendimento escolar.
- Baixa auto-estima.
- Comportamento anti-social precoce.

A lista dos fatores de risco poderia ser bem mais ampla, porém apenas estes relacionados permitem visualizar e orientar as diretrizes das campanhas preventivas e as ações em nível de saúde pública que precisam ser implementadas. Ainda de acordo com P. Beasley, os fatores de proteção mostram a "outra face" da relação do jovem com o álcool e com as drogas.

Fatores de Proteção

- Pais empregados, com segurança.
- Acesso e permanência na escola.
- Vizinhança agradável e cordial.
- Acesso a serviços de saúde.
- Renda familiar satisfatória.
- Famílias estruturadas e estáveis.
- Famílias com menos de quatro filhos.
- Bom nível de relacionamento familiar.
- Boa constituição física e mental.
- Perspectivas satisfatórias.
- Auto-estima, autodisciplina.
- Boas habilidades práticas.
- Comunidade com serviços acessíveis, de esporte e lazer para jovens.

A lista dos fatores de risco e a dos fatores de proteção indicam claramente como as diversas faces interligam-se como em um mosaico representativo da nossa sociedade e mostram o difícil terreno onde o abuso do álcool, das drogas e violência se desenvolve.

Cabe ressaltar neste cenário de violência cada vez maior nas cidades como São Paulo, Rio de Janeiro e outros grandes centros urbanos, como a região da periferia da cidade de Brasília, o envolvimento com tráfico se constitui em real ameaça à integridade das pessoas, famílias e comunidades. Neste sentido, portanto, as ações estratégicas de prevenção, como políticas de redução de risco, não podem deixar de considerar os ambientes (ecossistemas) nos quais as pessoas convivem, estudam e trabalham.

■ CONSUMO DE ÁLCOOL PELOS JOVENS

De acordo com diversos estudos recentes sobre o consumo de álcool e drogas pelos jovens, realizado nos Estados Unidos e em outros países, inclusive o Brasil, ficou demonstrado que a droga de escolha entre os adolescentes é o álcool e que seu consumo é elevado. Observou-se que o nível de consumo aumenta com a idade dos 12 anos aos 18 anos. Estima-se que o consumo pesado tem aumentado, a ponto de 30% dos jovens, em algumas pesquisas, relatarem prejuízos cognitivos no desempenho das tarefas escolares acusando quedas significativas do rendimento ou desempenho acadêmico.

Entre nós os problemas relacionados ao uso e abuso de álcool pelos jovens dizem respeito às graves conseqüências e prejuízos para a saúde, tendo nos acidentes de trânsito, homicídios, suicídios, além de lesões graves decorrentes da violência, as principais situações como ingredientes dos elevados índices de morbidade e de mortalidade na população.

■ ÁLCOOL E ACIDENTES DE TRÁFEGO

Sabe-se que, em muitos países, os acidentes de tráfego são os principais fatores de morbimortalidade entre jovens e adultos (faixa de 18 a 35 anos).

O álcool está envolvido de modo preponderante nestes acidentes, sendo que, nos casos fatais, 70% estão relacionados ao uso/abuso de bebidas. Estes acidentes custam ao país cerca de 22 bilhões de reais, ou seja, 11 bilhões de dólares/ano (na cotação atual) (IPEA, 2006).

Estudo do DENATRAN em diversas capitais brasileiras mostrou que no Brasil ocorrem 17 mortes em acidentes de trânsito por cada 100.000 habitantes, bem mais do que nos Estados Unidos (2,13), na Alemanha (2,17) e na Inglaterra (1,57). Ainda de acordo com dados do DENATRAN, tendo o Brasil uma frota de cerca de 30 milhões de veículos, ocorreram em 1999 quase um milhão de acidentes, com 400 mil feridos e mais de 30 mil mortes, sendo que 60% dos acidentados ficaram com seqüelas permanentes (paraplégicos, tetraplégicos e outras deficiências), representando significativo prejuízo social e econômico para o país, sobretudo quando grande parte é composta de jovens. Hoje, o quadro se agravou e o número de vítimas fatais chega a cerca de 20 mortes por 100.000 habitantes/ano (DENATRAN, 2006). Portanto, aumento de quase 20% no período de 2001 a 2006.

Para minimizar tais perdas, faz-se necessário a implementação de campanhas mais consistentes e permanentes, visando à redução de acidentes de trânsito, principalmente dirigida aos jovens.

■ ÁLCOOL E SAÚDE DO TRABALHADOR

Nos últimos 30 anos, acentuou-se a idéia, em muitas empresas, de tratar o trabalhador alcoolista como um indivíduo que necessita da recuperação, e não simplesmente de demissão.

Estudos sobre os custos do problema do alcoolismo no ambiente de trabalho mostram prejuízos elevados de forma direta e/ou indireta. Estima-se que o álcool seja responsável por:

- ± 30% da queda de produtividade
- 20% dos acidentes de trabalho
- Utilização de serviços de saúde três a quatro vezes maior
- Um dos principais fatores de aposentadoria precoce

Nos Estados Unidos, segundo dados recentes, os gastos com o alcoolismo no trabalho chegaram a cifra de cerca de 100 bilhões de dólares em 1999. No Brasil, não temos dados precisos, porém devem ser bastante elevados, como também foram os custos referidos em estudos franceses e alemães.

Portanto, programas de prevenção no ambiente de trabalho, em níveis primário e secundário, têm sido desenvolvidos por um número cada vez maior de empresas, dentro da ótica da atenção primária. Os Programas de Prevenção e de Promoção da Saúde (PPS), fundamentados em procedimentos da Atenção Primária da Saúde (APS), enfatizando ações e estratégias da prevenção e promoção da saúde, além de menor custo, são de efetiva resolutividade operacional.

A ótica da promoção de saúde no local de trabalho tem contribuído significativamente com os resultados positivos destes programas nas empresas que adotaram políticas de prevenção dos PRAD.

■ SÍNDROME ALCOÓLICA FETAL (SAF)

Embora pouco conhecida, a SAF representa sério problema de saúde que ainda não foi reconhecido devidamente. A forma classicamente descrita, caracterizada pela trilogia clínica de microcefalia, retardo mental e dismorfias faciais (retrognatismo, microftalmia, lábio superior fino etc.) é realmente rara. Contudo, se levarmos em conta que a forma leve não apresenta as alterações morfológicas clássicas, poderemos verificar que esta condição é bem mais prevalente do que se imagina. Nestes casos, o quadro clínico se caracteriza por leves alterações morfológicas faciais inespecíficas e, principalmente, por distúrbios cognitivos comportamentais, lembrando a "síndrome de déficit de atenção" (SDA).

De acordo com dados de estudos de centros norte-americanos, a incidência da SAF está em torno de 1-3:1.000 nascimentos, enquanto a síndrome de Down (mongolismo) é de 1:3.000, e a paralisia cerebral, de 1:1.600 nascidos vivos. Parece, deste modo, que esta condição, sendo mais freqüente do que as outras duas citadas, não tem encontrado a repercussão devida no meio médico ou da saúde em geral. Todavia, a preocupação maior reside na prevalência das manifestações neuropsicológicas de crianças nascidas de mães que fizeram uso de bebidas alcoólicas durante a gravidez.

Neste sentido, duas questões precisariam ser levantadas e analisadas: a primeira refere-se à quantidade mínima de bebida alcoólica que seria suficiente para comprometer o desenvolvimento e a maturação do cérebro do feto. A segunda questão interroga se haveria diferença da ação tóxica do etanol conforme a fase de gestação.

Parece ser difícil estabelecer o limite, pois outros fatores podem influenciar na absorção do álcool e de sua metabolização. Outro ponto é que não precisaria a grávida fazer uso de grande quantidade de bebidas alcoólicas (abuso ou dependência), mas uso eventual e repetido.

Mais uma vez, cabe aqui ressaltar o papel da Alcoologia como programa de saúde pública e de educação que favorece uma visão mais ampla que a do modelo médico tradicional, no qual a SAF não é destacada com a necessária relevância no rol das afecções clínicas de maior repercussão médico-social.

Outro aspecto que merece ser citado é o fato de que, diante do fracasso escolar, sobretudo associado a fatores de risco, muitas crianças e adolescentes tornam-se presas fáceis do álcool e das drogas, e algumas vezes do próprio tráfico. Portanto, em face desta maior vulnerabilidade neuropsicológica precoce, a adoção de ações e medidas preventivas e pedagógicas, visando evitar esta possível evolução para delinquência, deveria ser priorizada.

De acordo com diversas observações relatadas, muitas crianças com SDA, mais rebeldes e anti-sociais, ao ficarem fora das escolas por fracassos repetidos, poderiam se tornar "presas fáceis"das drogas e do tráfico. Pesquisas neste sentido precisam ser realizadas para se poder melhor avaliar esta situação de risco e de vulnerabilidade.

Em trabalho desenvolvido pelo CEPRAL-UFRJ em parceria com a 1ª Vara da Infância, da Juventude e do Idoso, na Comarca do Rio de Janeiro, tivemos a oportunidade de atender pelo programa de saúde, muitas vezes crianças e adolescentes em conflito com a lei encaminhados para avaliação e atendimento multidisciplinar, incluindo atenção dos familiares. Naquela ocasião, pudemos constatar muitos casos de pacientes envolvidos com problemas judiciais e relata de exposição ao álcool durante o período da gravidez. Estes casos indicam efetiva situação risco da SAF (pesquisas continuam a ser desenvolvidas no CEPRAL-UFRJ).

CAPÍTULO

16

Aspectos do Tratamento

O tratamento do alcoolismo, como inúmeros especialistas enfatizam, envolve obrigatoriamente as dimensões biológicas, psicológicas e sociais, sob atenção de uma equipe multidisciplinar, sendo os médicos, psicológicos, enfermeiros e assistentes sociais, os profissionais indispensáveis.

Naturalmente, a diversidade e a complexidade dos problemas relacionados ao uso, abuso e à dependência do álcool fazem com que os mais diversos modelos terapêuticos sejam aplicados, dependendo dos vários fatores biopsicossociais e das experiências profissionais. A ênfase em um ou outro modelo ou em uma ou outra especialidade faz com que o tratamento do alcoolismo tenha características e *nuances* diferentes, conforme o programa estabelecido.

Desde que Magnus Huss, em meados do século XIX, reconheceu a questão das conseqüências do abuso do álcool, e mais tarde, Jellinek, já nos anos de 1950, chamou a atenção para o problema do alcoolismo como doença, o modelo médico-psiquiátrico predominou de maneira marcante na orientação terapêutica. Desde esta época, quando a Organização Mundial de Saúde passou a encarar o alcoolismo como problema de saúde relevante e prevalente, tem-se verificado enorme interesse nos estudos e pesquisas sobre o tema pelas mais diversas áreas, além da própria área da saúde.

Neste sentido, os modelos de tratamento que surgiram, tais como o cognitivo-comportamental, psicanalítico, o de comunidades terapêuticas, o modelo dito sistêmico, vieram somar-se ao modelo médico convencional baseado na medicação e na internação. O modelo dos Alcoólatras Anônimos (AA) de mútua ajuda, criado nos Estados Unidos nos anos de 1930, consagrou-se e expandiu-se em decorrência dos bons resultados obtidos com a estratégia dos 12 passos, com índice de recuperação em torno de 30% a 40%. Com a constatação de que problemas menos graves e precoces de ordem médica e psicossocial precisavam também de maior atenção, porquanto só os casos de dependência, isto é, mais avançados e cronificados dispunham de serviços em hospitais psiquiátricos, começou a se difundir o tratamento ambulatorial. O enorme crescimento da demanda observado nas décadas de 1970 e 1980 fez com que o problema da dependência química se tornasse hoje uma questão maior de saúde pública, exigindo centros especializados para atendimentos dessa clientela.

Com relação aos medicamentos, muitos já foram propostos, porém não há qualquer "remédio" mais específico, até porque seria utópico esperar uma medicação para um problema multifatorial, como é o alcoolismo. Contudo, diversos produtos, sobretudos os antidepressivos, têm tido papel coadjuvante importante. Mais recentemente, a indústria farmacêutica lançou medicamentos mais específicos, cujos resultados iniciais foram animadores, sendo que os pacientes não deixaram de manter o acompanhamento psicoterapeutico e sócio-educativo ou de freqüentar o AA.

No final os anos 1980, o enorme interesse pelo assunto, face às nefastas repercussões sobre a saúde do indivíduo, da família e da comunidade e os elevados custos do alcoolismo, fez com que autoridades de saúde da maioria dos países membros da Comunidade Européia e os EUA passassem a adotar ações e medidas, em nível saúde pública, por meio de resoluções e decretos oficiais dirigidos à prevenção e ao tratamento da dependência química.

Como já foi observado, a visão do alcoolismo pelo prisma da saúde pública fez com que a Alcoologia se constituisse em um programa integrado e abrangente, mais compatível com as ações de saúde dentro de um planejamento de governo, como vem ocorrendo na Comunidade Européia. Assim, há cerca de 20 anos vem se desenvolvendo uma verdadeira "rede" de atenção primária e secundária voltada para os pacientes e seus familiares. Na Europa, uma maior consciência sobre os problemas relacionados ao uso, abuso e à dependência proporcionou maior envolvimento de órgãos e entidades públicas ou privadas comprometidas com a assistência médica, psicológica e social destinada aos pacientes e familiares.

O tratamento considerado dentro dos parâmetros da Alcoologia não difere essencialmente dos outros nas suas ações profissionais específicas. Contudo, algumas diferenças são marcantes, como p. ex., a criação dos Centros Integrados de Alcoologia. Estes Centros ou Clínicas de Alcoologia são "espaços" localizados dentro de hospitais ou fora destes, onde equipes multiprofissionais formadas por médicos, psicólogos, enfermeiros, assistentes sociais, agentes de saúde e nutricionistas, atendem pacientes e familiares dentro dos programas estabelecidos.

No Brasil e em outros países, o "espaço" de tratamento do alcoolismo está inserido de modo marcante nos hospitais psiquiátricos com base no modelo tradicional. Não se trata de "despsiquiatrizar", mas de favorecer a atuação da equipe multidisciplinar, fazendo-a participar efetivamente do tratamento em espaço mais adequado e conveniente, não misturado com os verdadeiros doentes mentais, isto é, com pacientes portadores de distúrbios mentais relacionados a doenças psiquiátricas importantes.

Naturalmente, os casos de dependência com co-morbidade psiquiátrica serão atendidos nos serviços de psiquiatria. Nesses centros, existe maior ligação com os hospitais gerais e serviços de urgência ou com a rede de serviço de saúde que, por meio de referência/contra-referência, encaminham os pacientes de acordo com as necessidades clínicas.

Outro aspecto diferente refere-se a "internação breve", como verificamos, p. ex., no Porto (Portugal), onde o Centro Integrado de Alcoologia oferece programa de 13 dias (duas semanas) associado ao regime de ambulatório e/ou hospital-dia em forma de programa de pós-internação.

A integração desses "Centros", que estão juntos e/ou próximos a hospital geral ou serviço da rede, tem a vantagem de utilizar sua infra-estrutura médico-assistencial e oferecer maior atenção e segurança ao tratamento.

Os tratamentos médicos, psicológicos e sociais não diferem essencialmente dos outros lugares. No entanto, os profissionais da equipe são preparados especialmente em Centros de Capacitação especializados em Alcoologia. Em alguns "Centros", funcionam Grupos de Mútua-Ajuda (AA, ALANON e NA) independentes das atividades do centro. Dependendo do lugar, existe o sistema de atendimento baseado no programa domiciliar tipo *home care*.

Os casos de urgência são atendidos nos serviços de emergência da rede local, onde existem profissionais preparados que, logo que se resolva o problema da urgência, fazem contato com a equipe do centro e/ou a família para encaminhamento posterior. Em alguns serviços pode haver o médico (clínico ou psiquiatra) cuja função é diagnosticar o problema do alcoolismo e orientar o paciente para serviço especial. Este modelo de atenção médica primária é conhecido como *Alcoologie de Liaison,* uma forma de referência.

É preciso destacar que a Alcoologia, como uma nova disciplina, passou a ser programa dos Ministérios da Saúde, uma vez que os serviços de saúde na Comunidade Européia em geral são de responsabilidade das organizações dos governos desses países. Neste sentido, podemos considerar que o avanço, no que concerne ao tratamento do alcoolismo, não é o "modelo específico" pura e simplesmente, mas sim o acesso aos serviços universalizados de saúde e integração destes à rede geral de assistência, que por si só já oferece à comunidade atendimento inicial adequado (Programa de Baixa e Média Complexidade (Programa de Atenção Básica de Saúde).

Portanto, aqui no Brasil não se trata, essencial e fundamentalmente, de capacitação dos profissionais da área da saúde, uma vez que estes já possuem um nível elevado de competência técnica, mas sim de estratégias em nível de políticas públicas de saúde adequadas ao nosso contexto. Com custos relativamente mais baixos por meio desta nova concepção da Alcoologia, poder-se-ia evoluir para o nível mais amplo e mais abrangente da saúde coletiva dentro do contexto de saúde pública. O próprio Sistema Único de Saúde (SUS) poderia ser mais bem utilizado para fazer frente a este problema relevante e prevalente, que é o alcoolismo no Brasil.

Dentro de uma abordagem mais ampla e referenciada, sem deixar de utilizar os princípios da saúde mental e seus próprios instrumentos, favorecer-se-ia desta maneira o envolvimento de uma população bem maior e habitualmente não contemplada no modelo médico-psiquiátrico tradicional (CID-10 e DSM IV). Por exemplo, pacientes com síndrome alcoólica fetal (SAF) e outras condições nosológicas de perfil clínico crônico-degenerativo, ou mesmo em situações de outro perfil clínico, tais como doenças hepáticas, pancreatites crônicas ou agudas, miocardiopatias, gastrites e úlceras, varizes de esôfago etc., cuja presença é marcante nos serviços de ambulatório e de emergência dos hospitais gerais da rede SUS, seriam atendidos e envolvidos no sistema de referência e contra-referência integrado, visando a abordagem e realização de diagnósticos mais precoces e atendimentos mais efetivos em centros ou serviço especializados.

Na França há um dos melhores modelos de assistência médica predominantemente sob gestão do governo (o que seria o nosso "sonhado" SUS), que passou a implementar o programa de atenção ao alcoolismo, criando os Centros Regionais de Alcoologia a partir dos anos de 1980 por meio de sucessivas leis e resoluções governamentais, proporcionando condições e recursos para programas de atenção integrada e de qualidade.

Outros países de Comunidade Européia, tais como Portugal, Espanha, Itália, Alemanha e outros, onde os problemas relacionados ao abuso/dependência do álcool são considerados como questão de saúde pública, também adotaram ou já vinham adaptando o modelo da Alcoologia implementado na França. Nos últimos anos, vêm se constatando o crescimento e a adesão a este tipo de programa pelos diversos outros países-membros, talvez influenciados até pela prática da integração européia e pela "onda de globalização" (ou "mundialização"), em que os aspectos econômicos ou sócio-econômicos gozam de forte influência no que tange à sustentabilidade do sistema de saúde.

Em Portugal, p. ex., existem três grandes centros integrados de Alcoologia (Lisboa, Porto e Coimbra), onde além do atendimento convencional baseado em modelos conhecidos, há eficientes programas voltados para a prevenção primária e secundária. Um destes está relacionado com a questão da saúde do trabalhador (Porto), pois o índice de alcoolismo na população em geral, e, por conseguinte, entre os trabalhadores, é um dos mais altos do mundo. Tornou-se assim inevitável "a tomada de posição" das autoridades de saúde do governo deste país para enfrentamento do problema.

No Brasil temos um sistema "híbrido", onde o Estado (Município, Estado e União) e organizações privadas e filantrópicas desempenham papéis muitas vezes superpostos na oferta de serviços de saúde. Neste aspecto, temos uma boa rede de serviços em termos físicos, mas mal articulada e não-hierarquizada convenientemente, além de, muitas vezes, deficiente de recursos humanos e materiais. Contudo, no que se refere ao aspecto da atenção e tratamento das pessoas envolvidas com o alcoolismo em geral, não dispomos efetivamente de políticas de saúde pública gerenciadas em níveis federal, municipal e/ou estadual e orientadas por diretrizes e metas estabelecidas em consonância com planejamentos integrados dentro de um aspecto mais abrangente. Neste sentido, as ações da atenção e tratamento propriamente dito deveriam estar conjugadas com estratégias e programas de prevenção e de reabilitação, incluindo a reinserção social e laborativa do público-alvo. Existem, na verdade, vários programas bem-feitos e bem-intencionados, mas não integrados à ou articulados com as redes públicas ou privadas, e, algumas vezes, não acessíveis a uma boa parte da população.

Portanto, de acordo com estas considerações, no Brasil já haveria espaço e oportunidade para se começar a discutir e implementar programas integrados como nos países europeus e nos EUA, com perspectivas de melhor resolutividade, naturalmente adaptados às nossas peculiaridades regionais, nacionais, sociais, culturais e econômicas.

Quanto aos recursos, vale lembrar que a relação custo/benefício é altamente satisfatória, uma vez que os gastos estimados diretos e indiretos do alcoolismo no Brasil ultrapassam 100 bilhões de reais, três vezes mais que o próprio orçamento do Ministério da Saúde. Vale observar que, segundo estimativas de estudos norte-americanos, para cada dólar aplicado seriam economizados sete dólares para os cofres públicos. Por outro lado, cabe mencionar aqui uma vertente não muita lembrada, ou evitada, que é a participação dos empresários de indústrias de bebidas alcoólicas em projetos sociais, que, no Brasil, é muito pequena ou quase inexistente. Diante do grande aumento do consumo, elevando a lucratividade do setor de modo significativo, seria de grande benefício a aplicação de recursos nos programas de prevenção e de tratamento como forma de contribuição social do setor. Se fosse destinado, p. ex., 1% do faturamento da indústria de bebidas para tais programas, o que não afetaria em nada a lucratividade dos empresários, contando inclusive com leis de incentivos fiscais, haveria bastante recursos para a implementação de diversos programas em nosso país.

Hoje, no Brasil, estes recursos poderiam alcançar valores da ordem de cerca de R$ 150 milhões. Seriam mais do que suficientes para o apoio dos diversos programas espalhados pelo país, administrados por órgãos públicos e/ou pela sociedade civil organizada (ONGs, instituições filantrópicas etc.). Portanto, bastaria um pouco de vontade e determinação política e social para que, com pequeno esforço de todos, pudéssemos dispor de serviços especializados e acessíveis. Com certeza, a relação custo/benefício seria das mais relevantes, tanto social como economicamente, e politicamente todos ganhariam, inclusive o povo (!).

CAPÍTULO

17

Plano de Ação Europeu Sobre o Álcool

A questão de cidadania, no que diz respeito aos problemas relacionados ao uso, abuso e à dependência do álcool, interessa ao conjunto das inter-relações do homem com o hábito de beber dentro de uma perspectiva sócio-cultural.

A Alcoologia se interessa não só pela questão dos problemas de saúde secundários ao alcoolismo, mas também pelas relações das bebidas alcoólicas no contexto da própria cultura.

Os problemas que estão relacionados ao abuso poderão acarretar inúmeras conseqüências e prejuízos para o indivíduo, para a família e para a comunidade.

Considerando-se não só os aspectos dos problemas de saúde, mas também os aspectos sociais, culturais e econômicos relativos a bebidas alcoólicas, sobretudo em alguns países da Comunidade Européia, onde o vinho faz parte da história e pesa de maneira significativa na economia daqueles países, os estados-membros elaboraram documento no qual estabeleceram os "princípios e objetivos éticos e as 10 estratégias na luta contra o álcool". Deste modo, em dezembro de 1995, em Paris, realizou-se a Conferência Ministerial sobre a Saúde, Sociedade e Álcool, promovida pela Organização Mundial de Saúde, Comitê da Comunidade Européia, na qual se originou "Carta Européia sobre o Álcool", como forma de reforçar o Plano Europeu contra o Alcoolismo.

Eis o teor desta carta:

"Carta Européia sobre Alcoolismo" – Convenção de Paris, 1995.

Princípios e objetivos éticos:

"Para reforçar o plano europeu contra o alcoolismo, a Conferência Ministerial sobre Saúde, Sociedade e Álcool, organizada pela OMS – Paris, 1995, pede a todos os estados-membros elaboração de políticas contra o alcoolismo e a execução de programas que exprimam os princípios éticos seguidamente referidos, tendo em conta a situação social, jurídica e econômica do contexto cultural de cada país. O presente documento não confere direitos jurídicos".

- Todas as pessoas têm direito a uma vida familiar, social e profissional ao abrigo de atos de violência e outras conseqüências nefastas decorrentes do consumo de bebidas alcoólicas.
- Todas as pessoas têm o direito, desde um estado precoce de sua existência, a uma informação e educação objetiva e confiável sobre os efeitos do álcool e suas conseqüências para a saúde, família e sociedade em geral.
- Todas as crianças e adolescentes têm o direito de crescer em um ambiente protegido, ao abrigo das conseqüências negativas do consumo de álcool e, na medida do possível, da publicidade e promoção de bebidas alcoólicas.
- Todas as pessoas com hábitos de consumo perigoso ou nocivo de álcool, bem como os seus familiares, têm direitos a tratamento e cuidados clínicos acessíveis.
- Todas as pessoas que não desejam consumir bebidas alcoólicas ou que não possam fazê-lo por motivos de saúde ou outros têm o direito de serem protegidas de pressões e incitamento ao consumo e apoiadas no seu comportamento de não-consumo.

Dez estratégias na luta contra o álcool. As pesquisas efetuadas e os sucessos obtidos em certos países mostram que podem ser retirados benefícios significativos para a economia e saúde, na região européia, caso venham a ser implantadas as 10 estratégias de promoção de saúde e de luta contra o alcoolismo, inspiradas nos princípios éticos anteriormente referidos e adequados às diferenças sociais e econômicas de cada estado-membro:

1. Informar às pessoas sobre as conseqüências do consumo de bebidas alcoólicas, na saúde, na família e na sociedade e sobre as medidas eficazes que podem ser tomadas para prevenir e minimizar os danos, desenvolvendo programas educativos desde a infância.
2. Promover ambientes públicos e privados protegidos de acidentes, violência e outras conseqüências negativas do consumo de bebidas alcoólicas.
3. Promulgar e reforçar leis que desencoragem, com eficácia, a condução de veículos sob o efeito do álcool.
4. Promover a saúde através do controle da venda de bebidas, sobretudo aos jovens, e influenciar o preço de bebidas alcoólicas, por exemplo, por taxação.
5. Desenvolver um forte controle sobre a publicidade, direta ou indireta, de bebidas alcoólicas, assegurando que nenhuma forma de publicidade seja dirigida especialmente pela ligação com acontecimentos desportivos.
6. Assegurar às pessoas com um consumo perigoso e inadequado de álcool e aos seus familiares o acesso a serviços de tratamento e reabilitação eficazes, com o pessoal preparado.
7. Acentuar as responsabilidades legais e éticas das pessoas que estão envolvidas na publicidade ou que servem bebidas alcoólicas, assegurar um forte controle e segurança dos produtos e desenvolver medidas adequadas contra a produção e venda ilícita.
8. Evidenciar a capacidade da sociedade para lidar com o alcoolismo, através da formação de profissionais em diferentes setores, como saúde, segurança social, educação e sistema jurídico, juntamente com o reforço do desenvolvimento das comunidades e das lideranças sociais.
9. Apoiar organizações não-governamentais e movimentos de auto-ajuda que promovam estilos de vida saudáveis, especialmente no que se refere à redução dos danos provocados pelo álcool.
10. Formular programas sobre o consumo de bebidas alcoólicas, tendo em consideração a presente Carta Européia sobre o Álcool: especificar objetivos claros e indicadores de resultados;

desenvolver a monitorização e assegurar a renovação de programas baseados na avaliação.

Os princípios e objetivos éticos e as 10 estratégias na luta contra o alcoolismo, como consta na "Carta Européia", são, na verdade, proposições consensuais de todos os países que enfrentam os problemas relacionados ao uso, abuso e à dependência do álcool. De qualquer maneira, as ações e estratégias de tratamento e de prevenção devem ser um efetivo compromisso do Estado e das instituições especializadas da sociedade organizada, públicas ou privadas, para fazer frente a tal questão de forma integrada e sintonizada, com base em políticas públicas de saúde. A alcoologia, como novo conceito e disciplina abrangente, serve de base efetiva para o estabelecimento e desenvolvimento dos objetivos desta carta.

A partir do que propõe a referida carta, seria oportuna e pertinente a adoção da mesma pelo nosso país, que tem a mesma problemática com relação ao alcoolismo, ainda podendo interessar aos demais países vizinhos da América do Sul, uma vez que a integração econômica já é anseio dos povos desta região (Mercosul).

Portanto, o Brasil poderia adotar oficialmente os princípios e recomendações sugeridos na Carta Européia sobre o alcoolismo, como base na elaboração de uma política pública de saúde que, diante do impacto do uso/abuso do álcool, seria proposição justa e necessária, com o objetivo de reduzir significativamente as nefastas conseqüências e prejuízos relacionados ao alcoolismo. Deste modo, os governos estaduais e municipais (e a União) adotariam e promulgariam recomendações e mesmo normas baseadas nos princípios da referida Carta Européia sobre o alcoolismo. Sem dúvida, pelo menos a médio e longo prazos poderíamos ter resultados satisfatórios em termos de saúde pública.

Desde maio de 2007, o Brasil dispõe de avançado instrumento de lei, com a assinatura do Decreto 6.117/2007, que aprova a nova Política Nacional sobre o Álcool, abrindo espaço oportuno para considerarmos a possibilidade efetiva de termos, como a Comunidade Européia, um "Plano de Ação Brasileiro sobre o Álcool".

CAPÍTULO

18

A Política Nacional sobre o Álcool. Decreto 6.117, 22 de maio de 2007

"BRASIL AVANÇA NA POLÍTICA DE ATENÇÃO E PREVENÇÃO DOS PROBLEMAS RELACIONADOS AO ÁLCOOL"

Com a assinatura do Decreto-lei 6.117, de 22 de maio de 2007, pelo Presidente Lula, com base em competente trabalho desenvolvido pela SENAD (Secretaria Nacional Antidroga), o nosso país dá um salto de qualidade na direção das políticas públicas à semelhança as dos países desenvolvidos, no que tange às conseqüências e prejuízos relacionados ao uso e abuso de bebidas alcoólicas. Assim como a França, os EUA e outros países desenvolvidos, o Brasil, com este decreto-lei recém-assinado, inscrevese entre os que dispõe de avançada legislação referente ao álcool. Evoluímos, deste modo, da fase na qual as estratégias eram mais focadas na repressão e no tratamento com ênfase na saúde mental, necessárias e indispensáveis, para a abordagem mais ampla e aberta, baseada na prevenção na saúde pública. Por meio desta nova visão, se estabelece como premissa o enfoque sistêmico e intersetorial, transcendendo os limites dos espaços típicos do modelo médico-psiquiátrico.

Este novo decreto-lei abre espaço para ações e estratégias mais efetivas e abrangentes de atenção e de prevenção dos problemas relacionados ao uso e abuso de álcool. Por outro lado, com base nesta nova política reconhece-se, efetivamente, o amplo leque de problemas relacionados com o álcool, além do tradicional quadro do alcoolismo crônico, ou seja: os acidentes de trânsito, a saúde do trabalhador, a violência (homicídios, suicídios, agressões contra mulher e contra crianças), doenças crônico-degenerativas secundárias (em geral subnotificadas), síndrome alcoólica fetal (quase desconhecida entre nós) etc. Desta forma, a verdadeira dimensão das conseqüências e dos prejuízos fica mais evidente e reforça os argumentos para a adoção de medidas mais amplas de políticas públicas, como esta que acaba de ser assinada.

Outro avanço permitido por esta lei é o maior engajamento da saúde às estratégias da atenção primária (PSF, CAPS-AD, posto de saúde) à rede do próprio SUS, o que vai demandar importante trabalho de sensibilização e de capacitação dos recursos humanos. No desenvolvimento das ações desta mesma lei, emergem outros importantes avanços e desafios, que são o envolvimento e comprometimento efetivo da educação como espaço privilegiado para formação de profissionais das mais diversas áreas. Estes irão tratar, quase que inexoravelmente, de questões relativas à complexa problemática do álcool, direta ou indiretamente, na prática do dia-a-dia. Reconhecemos neste ponto, de nosso especial interesse, a importante função da universidade em ter que assumir, na sua estrutura acadêmica, programas de atividades de ensino, pesquisa e extensão vinculados às questões do álcool (e de outras drogas), tanto no nível da graduação como no da pós-graduação. Muitas universidades já desenvolvem esses programas, entretanto, será necessário trabalho especial do Ministério da Educação para implementação de política pertinente, incluindo o ensino médio.

É interessante observar que o Decreto 6.117/2007 coloca agora o Brasil ao lado daqueles países com políticas públicas sobre o álcool mais avançadas, como p. ex., a França e os EUA. Há pouco mais de 10 anos, a Comunidade Européia, juntamente com a OMS (Conferência de Paris, 1995), desenvolveu o Plano de Ação Europeu sobre o Álcool, tendo como referencial teórico os conceitos básicos preconizados pela alcoologia, disciplina que estuda as relações do homem com o álcool no seu contexto biopsicossocial, dentro da visão sistêmica, como política de saúde pública. Por outro lado, há quase 10 anos temos tido a grata oportunidade de contar com os colegas europeus (Sociétè Française d'Alcoologie), mediante proveitoso intercâmbio. De certa forma, podemos dizer, agora, que temos o "Plano de Ação Brasileiro sobre o Álcool".

Por fim, vale ressaltar a expectativa com que todos aguardavam medidas de políticas públicas mais competentes, neste exato momento em que a produção e o consumo abusivo de bebidas alcoólicas atingem níveis preocupantes. Segundo estudos recentes da SENAD, o número de pessoas dependentes de álcool (população de 12 a 65 anos) vem aumentando a cada ano: passou de 11,2% em 2001, para 12,3% em 2006 (CEBRID, 2006). Nas grandes cidades, este índice foi bem maior (30%), e a população mais comprometida é de jovens e de mulheres, público para o qual é dirigida a maciça propaganda que envolve gastos de cerca de R$ 850 milhões/ano para a indústria de cerveja no Brasil. Como já tivemos oportunidade de discutir, é justa a preocupação da ANVISA e da Defesa do consumidor sobre a restrição da propaganda de bebidas alcoólicas, como o próprio governo já fez com o cigarro, por motivos de natureza semelhante. O atual decreto que pode ser examinado na íntegra já estabelece as condições para adoção dessas medidas.

Diante da importância e da relevância da questão do Alcoolismo em nosso país, consideramos de grande valia para conhecimento de todos, a publicação na íntegra o referido Decreto como se vê a seguir:

DECRETO 6.117, DE 22 DE MAIO DE 2007

Aprova a Política Nacional sobre o Álcool, dispõe sobre as medidas para redução do uso indevido de álcool e sua associação com a violência e criminalidade, e dá outras providências

O PRESIDENTE DA REPÚBLICA, no uso da atribuição que lhe confere o art. 84, inciso VI, alínea "a", da Constituição,

DECRETA

Art. 1º Fica aprovada a Política Nacional sobre o Álcool, consolidada a partir das conclusões do Grupo Técnico Interministerial instituído pelo Decreto de 28 de maio de 2003, que formulou propostas para a política do Governo Federal em relação à atenção a usuários de álcool, e das medidas aprovadas no âmbito do Conselho Nacional Antidrogas, na forma do Anexo I.

Art. 2º A implementação da Política Nacional sobre o Álcool terá início com a implantação das medidas para redução do uso indevido de álcool e sua associação com a violência e criminalidade a que se refere o Anexo II.

Art. 3º Os órgãos e entidades da administração pública federal deverão considerar em seus planejamentos as ações de governo para reduzir e prevenir os danos à saúde e à vida, bem como as situações de violência e criminalidade associadas ao uso prejudicial de bebidas alcoólicas na população brasileira.

Art. 4º A Secretaria Nacional Antidrogas articulará e coordenará a implementação da Política Nacional sobre o Álcool.

Art. 5º Este Decreto entra em vigor na data da sua publicação.

Brasília, 22 de maio de 2007; 186º da Independência e 119º da República.

LUIZ INÁCIO LULA DA SILVA
Tarso Genro
Fernando Haddad
Marcia Bassit Lameiro da Costa Mazzoli
Marcio Fortes de Almeida
Jorge Armando Felix
Este texto não substitui o publicado no DOU de 23.5.2007.

■ ANEXO I

Política Nacional sobre o Álcool

I - Objetivo

1. A Política Nacional sobre o Álcool contém princípios fundamentais à sustentação de estratégias para o enfrentamento coletivo

dos problemas relacionados ao consumo de álcool, contemplando a intersetorialidade e a integralidade de ações para a redução dos danos sociais, à saúde e à vida causados pelo consumo desta substância, bem como as situações de violência e criminalidade associadas ao uso prejudicial de bebidas alcoólicas na população brasileira.

II - Da Informação e Proteção da População Quanto ao Consumo do Álcool

2. O acesso e recebimento de informações sobre os efeitos do uso prejudicial de álcool e sobre a possibilidade de modificação dos padrões de consumo, e de orientações voltadas para o seu uso responsável, é direito de todos os consumidores.

3. Compete ao Governo, com a colaboração da sociedade, a proteção dos segmentos populacionais vulneráveis ao consumo prejudicial e ao desenvolvimento de hábito e dependência de álcool.

4. Compete ao Governo, com a colaboração da sociedade, a adoção de medidas discutidas democraticamente que atenuem e previnam os danos resultantes do consumo de álcool em situações específicas como transportes, ambientes de trabalho, eventos de massa e em contextos de maior vulnerabilidade.

III - Do Conceito de Bebida Alcoólica

5. Para os efeitos desta Política, é considerada bebida alcoólica aquela que contiver 0.5 grau Gay-Lussac ou mais de concentração, incluindo-se aí bebidas destiladas, fermentadas e outras preparações, como a mistura de refrigerantes e destilados, além de preparações farmacêuticas que contenham teor alcoólico igual ou acima de 0.5 grau Gay-Lussac.

IV - Diretrizes

6. São diretrizes da Política Nacional sobre o Álcool:

1. promover a interação entre Governo e sociedade, em todos os seus segmentos, com ênfase na saúde pública, educação, segurança, setor produtivo, comércio, serviços e organizações não-governamentais;

2. estabelecer ações descentralizadas e autônomas de gestão e execução nas esferas federal, estadual, municipal e distrital;
3. estimular para que as instâncias de controle social dos âmbitos federal, estadual, municipal e distrital observem, no limite de suas competências, seu papel de articulador dos diversos segmentos envolvidos;
4. utilizar a lógica ampliada do conceito de redução de danos como referencial para as ações políticas, educativas, terapêuticas e preventivas relativas ao uso de álcool, em todos os níveis de governo;
5. considerar como conceito de redução de danos, para efeitos desta Política, o conjunto estratégico de medidas de saúde pública voltadas para minimizar os riscos à saúde e à vida, decorrentes do consumo de álcool;
6. ampliar e fortalecer as redes locais de atenção integral às pessoas que apresentam problemas decorrentes do consumo de bebidas alcoólicas, no âmbito do Sistema Único de Saúde (SUS);
7. estimular que a rede local de cuidados tenha inserção e atuação comunitárias, seja multicêntrica, comunicável e acessível aos usuários, devendo contemplar, em seu planejamento e funcionamento, as lógicas de território e de redução de danos;
8. promover programas de formação específica para os trabalhadores de saúde que atuam na rede de atenção integral a usuários de álcool do SUS;
9. regulamentar a formação de técnicos para a atuação em unidades de cuidados que não sejam componentes da rede SUS;
10. promover ações de comunicação, educação e informação relativas às conseqüências do uso do álcool;
11. promover e facilitar o acesso da população à alternativas culturais e de lazer que possam constituir alternativas de estilo de vida que não considerem o consumo de álcool;
12. incentivar a regulamentação, o monitoramento e a fiscalização da propaganda e publicidade de bebidas alcoólicas, de modo a proteger segmentos populacionais vulneráveis ao consumo de álcool em face do hiato existente entre as práticas de comunicação e a realidade epidemiológica evidenciada no País;

13. estimular e fomentar medidas que restrinjam, espacial e temporalmente, os pontos de venda e consumo de bebidas alcoólicas, observando os contextos de maior vulnerabilidade às situações de violência e danos sociais;
14. incentivar a exposição para venda de bebidas alcoólicas em locais específicos e isolados das distribuidoras, supermercados e atacadistas;
15. fortalecer sistematicamente a fiscalização das medidas previstas em lei que visam coibir a associação entre o consumo de álcool e o ato de dirigir;
16. fortalecer medidas de fiscalização para o controle da venda de bebidas alcoólicas a pessoas que apresentem sintomas de embriaguez;
17. estimular a inclusão de ações de prevenção ao uso de bebidas alcoólicas nas instituições de ensino, em especial nos níveis fundamental e médio;
18. privilegiar as iniciativas de prevenção ao uso prejudicial de bebidas alcoólicas nos ambientes de trabalho;
19. fomentar o desenvolvimento de tecnologia e pesquisa científicas relacionadas aos danos sociais e à saúde decorrentes do consumo de álcool e a interação das instituições de ensino e pesquisa com serviços sociais, de saúde, e de segurança pública;
20. criar mecanismos que permitam a avaliação do impacto das ações propostas e implementadas pelos executores desta Política.

■ ANEXO II

Conjunto de medidas para reduzir e prevenir os danos à saúde e à vida, bem como as situações de violência e criminalidade associadas ao uso prejudicial de bebidas alcoólicas na população brasileira

1. Referente ao diagnóstico sobre o consumo de bebidas alcoólicas no Brasil:
   1.1. Publicar os dados do I Levantamento Nacional sobre os Padrões de Consumo do Álcool na População Brasileira,

observando o recorte por gênero e especificando dados sobre a população jovem e a população indígena;

1.2. Apoiar pesquisa nacional sobre o consumo de álcool, medicamentos e outras drogas e sua associação com acidentes de trânsito entre motoristas particulares e profissionais de transporte de cargas e de seres humanos.

2. Referente à propaganda de bebidas alcoólicas:
   2.1. Incentivar a regulamentação, o monitoramento e a fiscalização da propaganda e publicidade de bebidas alcoólicas, de modo a proteger segmentos populacionais vulneráveis à estimulação para o consumo de álcool;
3. Referente ao tratamento e à reinserção social de usuários e dependentes de álcool:
   3.1. Ampliar o acesso ao tratamento para usuários e dependentes de álcool aos serviços do Sistema Único de Saúde (SUS);
   3.2. Articular, com a rede pública de saúde, os recursos comunitários não governamentais que se ocupam do tratamento e da reinserção social dos usuários e dependentes de álcool.
4. Referente à realização de campanhas de informação, sensibilização e mobilização da opinião pública quanto às conseqüências do uso indevido e do abuso de bebidas alcoólicas:
   4.1. Apoiar o desenvolvimento de campanha de comunicação permanente, utilizando diferentes meios de comunicação, como, mídia eletrônica, impressa, cinematográfico, radiofônico e televisivo nos eixos temáticos sobre álcool e trânsito, venda de álcool para menores, álcool e violência doméstica, álcool e agravos da saúde, álcool e homicídio e álcool e acidentes.
5. Referente à redução da demanda de álcool por populações vulneráveis:
   5.1. Intensificar a fiscalização quanto ao cumprimento do disposto nos arts. 79, 81, incisos II e III, e 243 do Estatuto da Criança e do Adolescente;
   5.2. Intensificar a fiscalização e incentivar a aplicação de medidas proibitivas sobre venda e consumo de bebidas alcoólicas nos campos universitários;

5.3. Implementar o *"Projeto de Prevenção do Uso de Álcool entre as Populações Indígenas"*, visando à capacitação de agentes de saúde e de educação, assim como das lideranças das comunidades indígenas, para a articulação e o fortalecimento das redes de assistência existentes nas comunidades e nos municípios vizinhos;

5.4. Articular a elaboração e implantação de um programa de prevenção ao uso de álcool dirigido à população dos assentamentos para a reforma agrária, bem como o acesso desta população aos recursos de tratamentos existentes na rede pública e comunitária.

6. Referente à segurança pública:

6.1. Estabelecer regras para destinação de recursos do Fundo Nacional de Segurança Pública (FNSP) e do Fundo Nacional Antidrogas (FUNAD) para os Municípios que aderirem a critérios pré-definidos pelo CONAD para o desenvolvimento de ações que visem reduzir a violência e a criminalidade associadas ao consumo prejudicial do álcool.

7. Referente à associação álcool e trânsito:

7.1. Difundir a alteração promovida no Código de Trânsito Brasileiro pela Lei nº 11.275, de 7 de fevereiro de 2006, quanto à comprovação de estado de embriaguez;

7.2. Recomendar a inclusão no curso de reciclagem previsto no artigo 268 do Código de Trânsito Brasileiro, de conteúdo referente às técnicas de intervenção breve para usuários de álcool;

7.3. Recomendar a revisão dos conteúdos sobre uso de álcool e trânsito nos cursos de formação de condutores e para a renovação da carteira de habilitação;

7.4. Recomendar a inclusão do tema álcool e trânsito na grade curricular da Escola Pública de Trânsito;

7.5. Elaborar medidas para a proibição da venda de bebidas alcoólicas nas faixas de domínio das rodovias federais.

8. Referente à capacitação de profissionais e agentes multiplicadores de informações sobre temas relacionados à saúde, educação, trabalho e segurança pública:

8.1. Articular a realização de curso de capacitação em intervenção breve para profissionais da rede básica de saúde;
8.2. Articular a realização de curso de prevenção do uso do álcool para educadores da rede pública de ensino;
8.3. Articular a realização de curso de capacitação para profissionais de segurança de pública;
8.4. Articular a realização de curso de capacitação para conselheiros tutelares, dos direitos da criança e do adolescente, de saúde, educação, antidrogas, assistência social e segurança comunitária;
8.5. Articular a realização de curso de capacitação para profissionais de trânsito;
8.6. Articular a realização de curso de capacitação em prevenção do uso do álcool no ambiente de trabalho.

9. Referente ao estabelecimento de parceria com os municípios para a recomendação de ações municipais:
   9.1. Apoiar a fiscalização dos estabelecimentos destinados à diversão e lazer, especialmente para o público jovem no que se refere à proibição de mecanismos de indução ao consumo de álcool:
      9.1.1. Incentivar medidas de proibição para a consumação mínima, promoção e degustação de bebidas alcoólicas;
      9.1.2. Incentivar medidas de regulamentação para horário de funcionamento de estabelecimentos comerciais onde haja consumo de bebidas alcoólicas;
   9.2. Apoiar os Municípios na implementação de medidas de proibição da venda de bebidas alcoólicas em postos de gasolina;
   9.3. Incentivar o estabelecimento de parcerias com sindicatos, associações profissionais e comerciais para a adoção de medidas de redução dos riscos e danos associados ao uso indevido e ao abuso de bebidas alcoólicas:
      9.3.1. Incentivar a capacitação de garçons quanto à proibição da venda de bebidas para menores e pessoas com sintomas de embriaguez;

9.3.2. Estimular o fornecimento gratuito de água potável nos estabelecimentos que vendem bebidas alcoólicas;

9.4. Promover e facilitar o acesso da população a alternativas culturais e de lazer que possam constituir escolhas naturais e alternativas para afastar o público jovem do consumo do álcool.

Como foi publicado no Diário Oficial da União e disponibilizado nos meios eletrônicos para todo cidadão, o Decreto nº 6.117, de 22 de maio de 2007, constitui importante medida legal para que a sociedade como um todo, de forma articulada e sistêmica, enfrente os problemas relacionados ao uso, abuso e dependência das bebidas alcoólicas.

CAPÍTULO

19

O Álcool e a Insustentável Leveza do Ser

Não seria, até certo ponto, coerente, se não discutíssemos, também, outros ângulos da relação do homem com as bebidas alcoólicas. Os efeitos satisfatórios e benéficos das bebidas sobre o organismo são conhecidos naturalmente e, por isso mesmo, estão integrados à nossa cultura. Assim, o álcool foi capaz de ter permanecido e se desenvolvido por tantos milênios dentro dos costumes dos povos nas mais diversas regiões do planeta. Cada povo, com sua peculiar tradição, tem os seus hábitos relativos ao álcool envolvidos nos rituais religiosos ou pagãos. Na Santa Ceia, o vinho tem seu lugar de destaque; nas festas em homenagem a Dionísio ou a Baco, seja na Grécia ou em Roma, o álcool atravessou toda a História, chegando às eras moderna e pós-moderna, com o *status* de um dos principais marcadores da cultura de todos os povos até os dias de hoje.

O vinho, a cerveja e as bebidas destiladas (uísque, vodca, cachaça), com seus diferentes teores de álcool, são consumidos pela grande maioria das pessoas. As bebidas alcoólicas participam com expressivo peso não só na cultura do cotidiano como, também, nas atividades econômicas, representando em alguns países um dos principais produtos da indústria e comércio, inclusive no setor de exportação, como, p. ex., na França e em Portugal.

Este lado do problema do consumo das bebidas alcoólicas não faz parte em geral da abordagem médica, que de modo natural, enfatiza as conseqüências maléficas para saúde no seu espectro biopsicossocial. Com a fase mais científica do saber médico, no século XIX, o alcoolismo passou a ser relacionado às doenças orgânicas mais definidas, já que os distúrbios psicológicos e sociais inerentes ao abuso já eram efetivamente reconhecidos.

No que tange à ação sobre o indivíduo, com relação à nutrição, à proteção cardiovascular, ao relaxamento e à tranqüilização (efeito antiestresse), somam-se os efeitos psicossociais tais como a sociabilidade, o gregarismo, os rituais, as festas e as comemorações, reuniões de família ou de amigos ("vamos tomar um chope"), a presença do álcool na música, na literatura, nas artes, nos esportes e no lazer, enfim, todos estes aspectos constituem a história das bebidas alcoólicas em nossa cultura.

São inúmeras as situações, portanto, que levam as pessoas a beberem socialmente, sem acarretar problemas de saúde ou distúrbios psicossociais mais evidentes. O que torna o beber um verdadeiro problema biológico (saúde orgânica), psicológico e social, é a relação inadequada do abuso ou excesso, isto é, o consumo excessivo e problemático acima do qual a quantidade ingerida pelo indivíduo pode levar o mesmo a "depender" de quantidades cada vez maiores de bebidas (tolerância). Sabe-se que é difícil estabelecer, em cada situação, o limite entre o consumo saudável e o consumo nefasto ou prejudicial. Deste modo, a quantidade de álcool consumida em excesso, além do limite "saudável" de cada um, vem se estabelecer circunstancialmente.

Um bom parâmetro prático é o surgimento desses problemas, quer sejam relacionados à saúde orgânica propriamente dita, ou à vida pessoal, familiar ou social. Daí a preferência do termo "problemas relacionados ao uso, ao abuso e à dependência do álcool, no lugar de simplesmente" "dependência química", pois que as pessoas podem ter necessidade de atenção e tratamento por questões decorrentes do uso e/ou do abuso, não só em decorrência da dependência.

Pelo lado dos problemas gerados pela relação inadequada, interessa ser discutido o que faz as pessoas buscarem as bebidas como algo que traz alívio. E alívio de quê? Muito já se escreveu sobre isto, porém sabemos da complexidade que foge às análises feitas. Parece, no entanto, que a busca primordial do bem-estar funciona como motor psicossocial na procura do álcool.

Poderíamos então considerar o outro lado desta moeda: chamar a atenção para o mal-estar ao qual o ser humano está submetido. Esta condição, presente na vida de outros seres, configura-se na perspectiva aparente da simples busca do alimento (fome), busca de proteção (ameaça à integridade), da busca de agasalho (frio), da satisfação social (como senso de proteção e preservação), da defesa dos filhotes (da prole, da família) da busca da afirmação pessoal (integridade e dignidade) e da ascensão social (poder e domínio). Todas estas situações exigem desempenho competitivo com os outros e com as adversidades da própria vida, pois que o fracasso ou o insucesso aponta para perdas diversas e mesmo a para morte. São situações envolvidas com a angústia (e ansiedade) do desafio que desde o nascimento nos acompanham. Portanto, a situação ambígua de mal-estar como condição primordial, não necessariamente nefasta, e do bem-estar que acompanha o ser humano, em toda a sua trajetória, propicia o terreno favorável no qual, muitas vezes, as substâncias psicoativas, como o álcool e outras drogas, terão importante papel no enfretamento das diversas situações ameaçadoras que o homem experimenta psicologicamente.

Considerando que o cérebro, ainda no útero materno, nos últimos meses, é capaz de "registrar" ou, de certa forma, "vivenciar" algumas sensações ao abrigo das ameaças externas (um verdadeiro paraíso), podemos imaginar o que pode representar o nascimento como experiência traumática e ter que enfrentar o novo ambiente sujeito às diversas vicissitudes e ameaças. A reação básica que o cérebro de início registra são sensações de insegurança, medo, sofrimento. A experiência do "nascer", o parto em si como momento crítico e de certa vulnerabilidade, sem dúvida vai deixar marcas no nível do inconsciente que, naturalmente, relacionará este momento como uma ameaça circunstancial e de grande significância. Assim, o recém-nascido, entre os humanos, passa muito tempo a sentir as "ameaças" eventuais, momentos de fragilidade, angústia e, às "vezes, de desespero, que irão, mais tarde, funcionar como um dos fatores (neuropsicológicos) facilitadores para a busca de alívio da situação de mal-estar. Obviamente não seremos todos vítimas das drogas, mas estas situações podem representar efetivo papel na gênese da procura por substâncias psicoativas para aliviar algum mal-estar ou ansiedade em geral, atual ou passada (inconsciente).

A nossa própria cultura atual, mais do que a das antigas civilizações, apresenta situações sociais das mais ameaçadoras. A violência das grandes cidades, as guerras, a competitividade, o desemprego, a sobrevivência, a desesperança, as frustrações, a falta de grandes perspectivas, a desagregação familiar, o estresse pessoal, crises econômicas, pessoais ou nacionais, enfim, todas as situações do mundo moderno (e globalizado) contribuem, efetivamente, para o nosso mal-estar.

Soma-se a estas questões existenciais mais comuns ao homem, a séria e iminente questão do aquecimento global, que ameaça a sobrevivência da própria raça humana na Terra. Não se trata de fazer análise ética ou moral, mas simplesmente considerar o aumento do consumo de drogas e do álcool mais como um reflexo (do que como um problema primário e isolado) descontextualizado dos aspectos psicológicos e sociais do mundo de hoje. Não se deve, contudo, imaginar que não havia problemas de álcool e drogas em épocas passadas, nas sociedades antigas. A questão atual é que nunca se chegou ao ponto em que estamos hoje e que parece estar aumentando com passar dos dias. O aumento de consumo de bebidas alcoólicas e de drogas ilícitas nas duas últimas décadas tem sido alvo de enormes preocupações dos governos e de instituições sociais, pois alcançou patamares inaceitáveis, devido à ameaça que representa às pessoas.

De acordo com estudos de centros especializados, a relação dos "fatores de riscos" e dos "fatores de proteção" deixa claro os aspectos que comprometem o lado da gênese psicossocial dos problemas relacionados ao álcool e às drogas. Esta constatação aponta para a necessidade de se investir nos programas de prevenção (redução de riscos) que levem em conta situações relacionadas com a qualidade de vida como um todo (promoção de saúde), melhores condições sócio-econômicas, melhores perspectivas de vida, apoio à família e às escolas, melhor nível de empregos, acesso à saúde e ao esporte, disponibilidades de lazer, cultura e religiosidade (ênfase nos fatores de proteção).

Assim, podemos dizer que não há sociedade "ótima" ou perfeita no que tange ao suprimento das necessidades. É utópico imaginar tal sociedade. Portanto, a situação real mostra que a vida sempre se apresenta como um permanente desafio, ou como contínua luta pela sobrevivência biológica, psicológica e sócio-econômica. Deste modo, podemos concluir que não há sociedade sem drogas, nunca houve e nunca haverá.

Esta situação de mal-estar primário, geradora de indizíveis angústias conscientes ou não, serve como fator favorecedor para o consumo de álcool e/ou outras drogas, e somos testemunhas impotentes (ou ineficientes) do agravamento dos problemas relacionados ao uso, abuso e à dependência de substâncias psicoativas. Como conseqüência da complexa relação com o chamado mundo moderno e suas ameaças face às nossas vulnerabilidades, estamos inevitável e permanentemente diante da nossa insustentável leveza do ser (e de ser). Assim, ao se olhar para trás, veremos que desde que o homem passou a ter consciência do seu lugar na terra e ver a sua "impotência", sua fragilidade e sua vulnerabilidade, passou a sentir um certo mal-estar, que ocorre em maior ou menor grau de acordo com a consciência de si (do eu) e do mundo (do outro). As drogas, neste contexto, sempre terão seu lugar.

No atual contexto em que vivemos da nossa civilização pós-moderna, e dentro de uma complexa rede de acontecimentos situados em uma densa relação espaço-tempo, as pessoas sentem-se um pouco ao sabor dos movimentos. Neste sentido, o macro e o micro, o extenso e o circunscrito contextos nos quais estamos inseridos, nos envolvem numa complexa rede de tensões e ameaças. Esta nova e ampliada dimensão de nosso viver em um mundo capaz de ser razoavelmente apreendido e apresentado como produto de consumo nos faz sentir, de certa forma, desprotegidos e ameaçados, com a sensação do "eu mínimo".

Além dessas vivências, as experiências ancestrais relativas às nossas origens como *homo sapiens* e as vivenciadas desde nosso nascimento estão registradas no cérebro como experiências ameaçadoras à nossa integridade biopsicológica e, porque não, social e econômica. Assim, temos constituído um cenário de fundo no nosso modo de ser de onde emana a sensação da insustentável leveza, ou, em outras palavras, a nossa sensação de mal-estar relativa ao processo civilizatório dos tempos modernos. Deste modo, estabelecem-se as condições naturais que vão atuar na gênese da busca das substâncias psicoativas, ou melhor, do uso, abuso e dependência de álcool e de outras drogas.

Outros produtos ou comportamentos assemelham-se às drogas na procura de compensar as ansiedades e respostas para determinadas situações de algum mal-estar: jogo, sexo, trabalho, internet, compras etc. satisfazem de alguma forma às necessidades compulsivas. Vale lembrar, neste momento, um belo trecho de um poema de Baudelaire, em que ele diz:

> "Il faut être toujours ivre. Tout est là: c'est l'unique question. Pour ne pas sentir l'horrible fardeau du Temps qui brise vos épaules et vous penche sur la terre, il faut vous enivrer sans trêve. Mais de quoi? De vin, de poésie ou de vertu, à votre guise. Mais enivrez-vous." ("É preciso estar sempre embriagado. Está tudo aí: essa é a única questão. Para não sentir o imenso peso do Tempo que sobrecarrega nossos ombros e nos empurra para a terra, é preciso embriagar-se sem trégua. Mas do quê? De vinho, de poesia ou de virtude, a gosto. Mas embriague-se.")

(*Charles Baudelaire*)

Assim, podemos constatar a existência da necessidade do ser humano na busca da realização pessoal inerente à sua condição. Neste poema de Baudelaire, o vinho pode representar o apaziguamento do vazio ou da angústia ou dos nossos medos, assim como, a gosto, em vez do vinho, podemos nos "embriagar" de poesia, de virtude, de música, de amor, de solidariedade, de justiça social, de qualidade de vida, enfim, de coisas que tragam benefícios e bem-estar para o indivíduo, para a família e para a comunidade como um todo. Neste sentido, a sensação de incômodo que chega a nossa consciência, da nossa insustentável leveza de ser, poderá ser aliviada de várias formas, além do eventual abuso do álcool, que é apenas um das formas disponíveis na natureza e na nossa sociedade, para fugirmos das mais diversas situações vivenciadas de algum desprazer, sentidas como formas de ameaça da integridade física, psicológica e/ou social. Como Freud demonstra no seu livro "O Mal-Estar na Civilização" (1920), o álcool e as outras drogas são uma das três maneiras de buscarmos alívio da sensação de mal-estar que, inexoravelmente, acomete o homem na sua tragetória de vida desde que nasce até a sua morte. Daí podemos concluir que os "problemas relacionados" são, originalmente, do próprio indivíduo que procura no álcool e nas outras drogas o efeito anestésico ou analgésico para o alívio da nossa insustentável leveza de ser humano.

CAPÍTULO

20

Epílogo

O objetivo deste livro foi mostrar outros ângulos de visão de um velho problema que vem se constituindo em verdadeira questão de saúde pública, qual seja, os problemas relacionados ao uso e abuso do álcool. Não que antes não houvesse razões para já assim considerá-lo, uma vez que o uso e o abuso de bebidas alcoólicas, desde dos tempos antigos da nossa civilização, já estavam relacionados com diversos problemas de saúde e distúrbios psicológicos e sociais. Contudo, a extensão e prevalência das conseqüências e prejuízos advindos do alcoolismo, a partir da expansão da indústria de bebidas no final do século XIX, sobretudo na segunda metade do século XX, alcançaram enormes proporções e tornaram-se motivos de grande (e urgente) preocupação na área da saúde, da segurança e da economia. Hoje, portanto, em face da pressão da demanda de questões secundárias ao uso/abuso do álcool, somando-se às outras drogas lícitas (tabaco) ou ilícitas (maconha, cocaína, ecstasy etc.), surgiu, nas últimas três décadas, em boa parte dos países ocidentais (e em alguns outros), uma verdadeira "epidemia", que é a "dependência química" ou os "problemas relacionados ao álcool e outras drogas" (PRAD). No decorrer deste livro, procuramos mostrar parte desta terrível dimensão.

Ocorre que a abordagem até então feita foi baseada em parâmetros estruturados no modelo médico-sanitário e jurídico, que considera a óptica da doença e da transgressão ou crime como predominante e independente. De acordo com esta visão, sob a influência do poder hegemônico do saber médico e jurídico, a complexa situação do álcool e das drogas foi tratada de forma reducionista, deixando de lado ou subestimando outros diversos fatores importantes de ordem social, educacional, cultural, psicológica, econômica etc. A abordagem até então utilizada mostrou-se naturalmente impotente e incapaz de evitar ou minimizar a fantástica escalada dos problemas, sobretudo em alguns países ou cidades tais como o Rio de Janeiro e São Paulo e outras grandes cidades do mundo.

De um modo geral, os Governos (ou Estados) e a área acadêmica (universidades, centros de pesquisas) não tiveram a devida preocupação até chegar ao ponto que chegamos hoje, com algumas exceções. Só recentemente as autoridades envolvidas mais diretamente com a questão da saúde, da educação e da segurança passaram a se preocupar e tomar providências diante da situação quase insuportável para a sociedade. O atual nível de violência geral está, de modo direto e indireto, altamente envolvido com o alcoolismo e as drogas, além do tráfico, naturalmente.

No que concerne ao alcoolismo, que se encontra entre as drogas que causam mais danos em termos absolutos, a necessidade de um enfrentamento mais consistente e abrangente fez surgir na França a Alcoologia, uma nova disciplina que trata da questão do álcool como um todo (P. Fouquet, 1967).

Esta nova disciplina implantada na França, de forma efetiva, na década de 1980, espalhou-se pelos outros países da Comunidade Européia de modo rápido, em face das condições favoráveis no campo da medicina, que ansiava por um novo modelo de abordagem que favorecesse tratar de um tema transversal pouco apropriado à medicina moderna de alta complexidade (e alta tecnologia), tão a gosto dos avanços recentes do mercado no sentido das novidades no campo do diagnóstico e de procedimentos terapêuticos. Não se trata de negar o valor destes avanços científicos, mas de avaliar sensatamente a coerência e adequação de estratégias mais amplas e menos custosas no enfrentamento de problemas ditos transversais, como é o alcoolismo.

Portanto, a Alcoologia, ao favorecer o tratamento (*"pris en change"*) dos problemas relacionados ao álcool por meio de uma visão sistêmica, coloca-se como proposta avançada e norteadora no sentido de ampliação do leque de abordagem envolvendo procedimentos de baixa e média complexidades, sem excluir os de alta complexidade, necessários e imprescindíveis, no lidar com grandes populações na área da saúde (e outras) com maior resolutividade.

Outro aspecto que deve ser ressaltado é o deslocamento do foco dos recursos para estes "programas de menor complexidade". Além da economia, estaremos favorecendo maior acesso aos serviços e ao atendimento integrado multidisciplinar, mais adequado aos programas deste tipo do que aos de alta complexidade. Com isto, a relação custo/benefício, tão a gosto da gestão de negócios, fala a favor desta nova visão, porquanto promovem assim maiores resolutividade e qualidade nos resultados finais.

Assim, esperamos que o objetivo deste livro seja alcançado, vindo a contribuir como mais um instrumento na busca da redução dos danos à saúde, no seu amplo espectro biopsicossocial, e, ao divulgar o conceito da Alcoologia como uma abordagem sistêmica do alcoolismo, favorecer as ações e estratégias focadas na informação, na educação e na prevenção dos problemas relacionados ao uso, ao abuso e à dependência do álcool na perspectiva da Saúde Pública.

CAPÍTULO 21

Glossário

Abuso ou uso abusivo ou problemático – representa toda vez que o consumo de álcool se estabelece acima da capacidade individual de metabolização, ou seja, padrão de consumo excessivo eventual ou com tendência à recorrência (episódios de embriaguez ou intoxicação repetidas). Nesta condição, o indivíduo pode estar consciente ou não dos efeitos nocivos biológicos, psicológicos e/ou sociais.

Alcoolismo – termo genérico, incorporado às linguagens leigas, que representa a relação nociva ou problemática do homem com as bebidas alcoólicas, envolvendo situações de uso, abuso e/ou dependência. O simples uso do álcool, sem as conseqüências nocivas ou prejuízos para o indivíduo e/ou para a sociedade como um todo, não constitui a condição de alcoolismo.

Alcoólatra – termo popular que caracteriza o indivíduo comprometido ou afetado pelo alcoolismo crônico. Tem sido usado o termo alcoolista ou alcoólico como equivalente. O termo alcoólatra passou a ter conotação vulgar e preconceituosa, fazendo com que se passasse a ser evitado no meio profissional.

Alcoólico – termo usado para designar uma pessoa comprometida ou afetada pelo alcoolismo crônico; termo (adjetivo) que designa situação decorrente da intoxicação (aguda ou crônica) conseqüente do abuso de álcool.

Alcoologia – ciência ou disciplina que estuda o alcoolismo ou as relações entre o homem e as bebidas alcoólicas, abrangendo todo o contexto (normal e/ou patológico) biológico, psicológico e social.

Déficits cognitivos reversíveis ou permanentes do alcoolismo – dificuldades de concentração, memória, raciocínio, julgamento e orientação têmporo-espacial, na vigência do uso abusivo e dependência do álcool, conseqüência do comprometimento córtico-subcortical na encefalopatia tóxica alcoólica. Na encefalopatia tóxica alcoólica aguda (reversível), pode-se observar confusão mental, além dos distúrbios descritos.

Demência alcoólica – quadro de deficiência mental global do adulto em conseqüência da dependência alcoólica/alcoolismo crônico, no qual se pode constatar atrofia cerebral em graus variados, dependendo de maior ou menor suscetibilidade individual.

Dependência – condição clínica com manifestações biopsicossociais, na qual existe a necessidade do uso abusivo, compulsivo e freqüente (diário) do álcool, e cuja ausência de álcool desencadeia sintomas e sinais peculiares, denominados síndrome de abstinência.

Falência múltipla de órgãos por álcool (FMO-A) – condição clínica resultante de ação deletéria do álcool como agente tóxico-metabólico (apoptose metabólica) sobre as células do organismo, ao longo do tempo, caracterizada por diversas manifestações secundárias à insuficiência funcional dos diversos órgãos comprometidos, levando o paciente a um quadro clínico grave e fatal. Processo crônico, insidioso, plurissintomático, apontando para o sofrimento, de intensidade e localização variáveis, de vários órgãos e sistemas orgânicos.

Problemas relacionados ao uso, ao abuso e à dependência de álcool – em face da extensão e da prevalência das conseqüências da ingestão de álcool, tanto no nível do abuso e dependência como também, em certas condições, no nível do uso, de acordo com a tendência européia, este termo (Problemas Relacionados ao Uso, Abuso e à Dependência de Álcool) tem sido usado no lugar de "dependência química", pois este se restringe à situação, clinicamente definida, da relação de dependência, e não inclui os problemas clínicos (biopsicossociais) relativos ao uso e abuso. Deve-se, no entanto, considerar que os centros de dependência química dedicados ao tratamento também se ocupam das questões do uso e do abuso de álcool (e outras drogas).

Recaída – um retorno ao padrão de uso abusivo do álcool após um período bem abstinência.

Redução de danos – constitui políticas ou programas que buscam a redução de danos ou riscos resultantes do uso de drogas injetáveis. Na Alcoologia, pode-se utilizar este termo nas perspectivas de problemas relacionados ao âmbito geral. Este conceito pode ser aplicado como estratégia de prevenção, como, p. ex., nos acidentes de trabalho e em outras situações de risco.

Redução de demanda – política ou programa de prevenção voltados para áreas da saúde e da educação, com base em ações de informação e de educação, com objetivo de diminuir ou minimizar a demanda ou procura por bebidas alcoólicas (ou das drogas em geral, sobretudo pelos jovens e grupo de risco).

Redução de oferta – reduzir a disponibilidade e o acesso de bebidas alcoólicas, seja pelo controle social da oferta e do estímulo do consumo, seja pelo aumento da taxação do preço das bebidas.

Síndrome alcoólica fetal – quadro clínico caracterizado por déficit mental, atraso no desenvolvimento, baixo peso e baixa estatura, além de dismorfias crânio-faciais, malformação cardíaca e outras, resultante do uso/abuso de álcool pela mulher durante a gravidez (forma clássica e grave). Formas mais brandas (ou leves) podem ser verificadas em crianças com menor comprometimento neurológico e orgânico, porém apresentando problemas de ordem neurocognitiva manifestada por déficit de atenção, distúrbios de comportamento, dificuldade no rendimento escolar (dificuldades de memória, de cálculo e de), hiperatividade/ansiedade (efeitos do álcool sobre o feto).

Síndrome de abstinência – quadro clínico caracterizado por sinais e sintomas psico-orgânicos (taquicardia, sudorese, tremores, ansiedade, agitação, confusão mental com delírio e alucinações, convulsões etc.) decorrentes da falta de ingestão de álcool em indivíduos dependentes de bebidas alcoólicas (alcoolismo crônico). *Delirium Tremens* – termo equivalente.

Tolerância – fenômeno bioquímico/farmacológico resultante da adaptação celular a determinadas substâncias, fazendo com que, com o passado do tempo, haja necessidade de aumento da dose (consumo) para obter o mesmo efeito (resultado funcional).

Uso – simples uso (social) de bebidas alcoólicas relacionado com seus aspectos sócio-culturais. Está inserido nos hábitos da nossa civilização (festas, rituais religiosos ou pagãos, comemorações, eventos, reuniões etc.); deve-se observar que, em certas condições, o uso pode gerar efeitos nocivos ou representar efetivo risco, como p. ex., durante gravidez ou condução de veículos.

CAPÍTULO

22

Bibliografia Consultada

A.N.P.A.A. 59 – Comité Departeimental de Prevention – Consommation de Products Psychoatifs chez la Femme Encente: Effects, Consequences, Prise en Charge de la Mere et de l'Enfant. Departement du Nord – EDI CéA. ANPA 59, Lille, Sepetembre, 2005.

Abreu AM. Impacto do álcool nos acidentes de trânsito na cidade do Rio de Janeiro. Tese de Doutorado apresentada na EEAN-UFRJ. 2006.

Abreu AMM. Morbimortalidade por acidentes de trânsito na cidade do Rio de Janeiro. *In*: *1º Encontro Alcoolismo e Saúde Pública*. EEAN/Núcleo de Pesquisa em Enfermagem e Saúde do Trabalhador e ESFA/CEPRAL NAIAT; Rio de Janeiro, jul. 2002.

Abreu AMM, Lima JMB, Figueiró RFS. A mortalidade e morbidade por acidentes de trânsito: contribuição para o estudo das lesões raquimedulares. *Esc Anna Nery Rev Enferm* 2003; 7(1): 97-103.

Almeida LMA, Coutinho ESF. Prevalência do consumo de bebidas alcoólicas em uma região metropolitana no Brasil. Revista de Saúde Pública, 1993; 27:23-29.

Archambault JC, Chaband A. *Alcoologia*. Paris: Ed. Masson, 1995.

Association Prévention Routiere (APR). Federation Française dês Sociétes d'Assurances (FFSA). Quel role face à l'hécatombe dês jeunes sur la route. Paris/França, 3 d'octobre, 2005.

Beasley P. Ações preventivas do uso e abuso de álcool e outras drogas nas escolas. Seminário Universidade Gama Filho, Rio de Janeiro, 19 e 20 de abril de 2002.

Blincoe A *et al*. The economic impact of motor vehicle crashes, 2000. U.S. Department of Transportation/NHTSA. Technical Report; may, 2002.

Brasil. Ministério da Saúde. Política Nacional de Redução de Morbimortalidade por Acidentes e Violência: *Portaria MS/GM* nº 737 de 16/05/01, Brasília (DF), 2001.

Brasil. Ministério dos Transportes. Programa Pare: procedimentos para o tratamento de locais críticos de acidentes de trânsito. Brasília, jul. 2002.

Carlini E *et al.* II Levantamento Domiciliar sobre Uso de Drogas Psicotrópicas no Brasil. Secretaria Nacional Antidroga (SENAD) – Centro Brasileiro de Informações sobre Drogas Psicotrópicas (CEBRID) – UNIFESP. Brasília, 2006. (Em processo de divulgação.)

Carlini EI. Levantamento nacional sobre o uso de psicotrópico em estudantes de primeiro e segundo grau na cidade de São Paulo: *J Bras Psiq* 1986; *35*:279-285.

Carvalho DG, Leyton V. Avaliação das concentrações de álcool no ar exalado: considerações gerais. *Rev Psiquiatria Clínica* 2002.

Cunha JA, Minella DML *et al.* Déficits cognitivos e a questão da melhora funcional em alcoolistas abstinentes. *Psicologia,* 1990; *19*(1):79-94.

Dawson DA. Consumption indicators of alcohol dependence. *Addiction* 1994; *89*:395-50.

Descombey JP. *Précis d'alcoologie clinique.* Paris: Danod, 1994.

Edwards G, Gross MM. Alcohol dependence: provisional description of a clinical syndrome. *Brit J Addic* 1976; *1*:1058-61.

Ferreira AN. Segurança e violência urbana. *Rev de Cultura IMAE* 2002; (6, 7): 6-14.

Fouquet P. Réflexions cliniques e thérapeutique sur l'alcoolisme. *Évolucion Psychiatrique* 1971; *16*(2):235-251.

Freud S. *O mal-estar da civilização.* Rio de Janeiro: Imago, 1997.

Geerlings P. Tratamento do alcoolismo: estudo de caso. *Alcooscope* Ver. Inter. sobre tratamento do Alcoolismo, 2000; *1*(4):3-8.

Guia da Cerveja – 2007 – SINDCERV. Editora Casa Dois – São Paulo-SP, 2007.

Hankin JR. Síndrome alcóolica fetal e efeitos relacionados ao álcool: a mulher grávida nunca bebe sozinha. *Alcooscope* 2000; *1*(4):12-15.

Instituto de Pesquisa Econômica Aplicada (IPEA). Impactos sociais e econômicos dos acidentes de trânsito nas aglomerações urbanas: síntese da pesquisa. Brasília, maio 2003.

Jellinek EM. *The disease concept of alcolholism.* New Haven: Hillhouse, 1960.

Jones KL *et al.* Pattern of malformation in offspring of chronic alcoholic mothers. *Lancet* 1973; (7.815):1.267-1.271.

Jones KL, Smith DW, Streissguth AP. Pattern of malformation in offspring of chronic alcoholic mothers. *Lancet* 1973; 1.267-1.271.

Kaplan e Saddock. Compêndio de psiquiatria – Ciências do comportamento e clínica psiquiátrica. 6ª ed. Artes Médicas, 1993.

Klein CH. Mortes de trânsito no Rio de Janeiro, Brasil. *Cad Saúde Pública* 1994; *10*(supl.1):168-176.

Knupfer G. The epidemiologycal of problem drinking. *Am J Public Health 56*: 237-242.

Lakatos EM, Marconi MA. Fundamentos de metodologia científica. 3ª ed. São Paulo: Atlas, 1991.

Laranjeira R, Nicastri S. Abuso e dependência de álcool e drogas. *In:* Almeida OL, Silveira DX, Laranjeira R. (eds.) *Manual de Psiquiatria.* Rio de Janeiro: Guanabara Koogan, 1996.

Lemoine P *et al.* Les enfants de parents alcooliques. Anomalies abservées a propos de 127 cas. *Res Ovest Med* 1968; *25*:126-171.

Lemoine P, Harrouvean H *et al*. Les infants de parents alcooliques. Anomalies observées. A propos de 127 cas. *Quest Med* 1968; *25*:126-171, 476-482.

Leshner P. Addiction is a brain disease and it matters. *Science* 1997; *278*(4).

Lima JMB *et al*. Syndrome fetal alcoolique: aspects neuropsychologiques. *Rev Alcoologie et Addictologie* 2002; *24*(4):10.

Lima JMB, Abreu AM. O álcool e os acidentes de trânsito estudo preliminar sobre mortalidade. *In*: Gigliotti A, Guimarães A (eds.). *Dependência, compulsão e impulsividade*. Rio de Janeiro: Editora Rubio, 2006.

Lima JMB, Abreu AMM. Alcool e os acidentes de trânsito: estudo preliminar sobre mortalidade. *In*: Gigliotti e Guimarães A (eds.). *Dependência, compulsão e impulsividade*. Rio de Janeiro: Rubio, 2006.

Lima JMB, Benedito SVA, Couto BAM, Mello AR. Alcoolismo e atrofia cerebral. *F Med* 1981; *82*(3):187-191.

Lima JMB, Duarte P. Políticas públicas de prevenção da SAF: uma perspectiva para o Brasil – comunicação no Simpósio Internacional – Síndrome Alcoólica Fetal (SAF). Fórum de ciência e cultura – UFRJ/campus Praia Vermelha, Urca – Rio de Janeiro, 15 de setembro de 2006.

Lima JMB. Álcool e gravidez – síndrome alcoólica fetal. *Arq Bras Med*. 1985; *59*(1):1-2.

Lima JMB. Álcool e gravidez. *Arq Bras Medicina* 1985; *59*(1):1-2.

Lima JMB. Alcoologia: Uma visão sistêmica dos problemas relacionados ao uso e abuso do álcool. Rio de Janeiro: Ed. EEAN/UFRJ, 2003.

Lima JMB. Alcoologia: Uma visão sistêmica dos problemas relacionados ao uso e abuso de álcool. Rio de Janeiro: Ed. EEAN/UFRJ, 2003.

Lima JMB. Debate: Síndrome alcoólica fetal (SAF). Câmara Municipal do Rio de Janeiro – Plenário Teotônio Vilela. Dia 27 de março, 2007 – 9:30h-13:00h, 2007.

Lima JMB. Do Alcoolismo à alcoologia: uma evolução anunciada. Rio de Janeiro: ABRAD – Informativo, 2001; *6*:1.

Lima JMB. Do Alcooolismo à alcoologia: uma evolução anunciada. Info. ABRAD. 2001; *6*:1.

Lima JMB *et al*. Syndrome alcoolique fetal: aspects neuropsychologiques. *Rev Alcoologie et Addictologie* 2003; 22(4):10.

Lima JMB. Os perigos do álcool para o feto. Jornal da família – O GLOBO, 30/06/2002.

Lima JMB. Transtorno do déficit de atenção/hiperatividade e síndrome alcoólica fetal: peculiar associação nosológica – aspectos neurocientíficos. *Arq Bras Psiq Neurol Med Legal* 2005; *99*(20):26-31.

Lima JMB. Tribunais especiais de drogas: uma contribuição racional e econômica. Informativo ABRAD, Editorial, nº 6, 2001.

Lima MS. Epidemiologia do uso de substâncias lícitas dos transtornos psiquiátricos menores em Pelotas. Tese de Doutorado em Medicina – Universidade Federal de São Paulo, 1996.

Lima JMB *et al*. Síndrome alcoólica fetal (SAF): entidade neurológica comum, porém pouco conhecida. *Rev Bras Neurol* 2006; *42*(3):33-40.

Lima JMB, Abreu AM. A violência no trânsito e uso de abuso de bebidas alcoólicas: uma grave questão de saúde pública. *Info ABRAD* jan./mar. 2004.

Marin L, Queiroz MS. A atualidade dos acidentes de trânsito na era de velocidade: uma visão geral. *Cad Saúde Pública* 2000; *16*(1): 7-21.

Masur J. A questão do alcoolismo. São Paulo: Brasiliense, 1984.

Mattson SN, Rilley EP *et al.* Fetal alcohol syndrome: a case report of neuropsychological, MRI and EEG ascessement of two children. *Alcohol Clin Exp Res* 1992; *16*:1.001-1.003.

Mello Jorge MHP. Violência como problema de saúde pública. *Rev Soc Bras Progresso Ciência*; 2002.

Mello Jorge MHP, Latorre MRDO. Acidentes de trânsito no Brasil: dados e tendências. *Cad Saúde Pública* 1994; *10*(supl. 1):19-44.

Minayo MCS, Souza ER (orgs.). Violência para todos. *Cad Saúde Pública*; 1993; *9*(1):65-78.

Ministério da Saúde. Programa Nacional de Controle dos Problemas Relacionados com o Consumo do Álcool – PRONAL. Ministério da Saúde, DF/Brasília, 1987.

Ministérios das Cidades/Departamento Nacional de Trânsito. Política Nacional de Trânsito (PNT). Governo Federal. Brasília/DF. Setembro de 2004.

Montal JHC. No outro carro, na calçada, um ser humano. *Revista Abramet* 2002; *40*:35-37.

Moreira FDL. A vacina contra violência no trânsito. Ed. NITPRESS - Niterói, RJ 2006.

Mourão LNG *et al.* A embriaguez e o trânsito: avaliação da nova lei de trânsito no que se refere à abordagem da embriaguez. *Rev Psiquiatria Clínica*; 2003.

Oliveira EM, Melocop AG. Álcool e trânsito. CONFEN DETRAN – Pernambuco, 1994.

Organização Mundial da Saúde. Conferência ministerial sobre saúde, sociedade e álcool. *WHO – Committe of Europe Community* Paris, dezembro de 1995.

Organização Mundial da Saúde. Estratégia Qüinqüenal dela OMS para Provencion de Lesiones por Accidentes de Tráfico. OMS, Genebra, 2002.

Organização Mundial da Saúde. European Alcohol Action Plan - 2000/2005. Porto, Portugal, 1999.

Organização Mundial da Saúde. Os acidentes de trânsito matam 1,2 milhão de pessoas a cada ano. 2002. Disponível em: www.abramet.org (acesso em 03 jul. 2003).

Organization Mondiale de la Santé – Manual de la classifications internationalle des maladies. 10ª revision – CIM – 10 (CID 10), OMS, 1990.

Paille F. L'alcool: de l'usage à la dependance. Laboratoires Roche/Faculté de Médicine de Nancy – França, 2001.

Paille F. L'alcool: de l'usage à la dépendance. Laboratories Roche Nicholas SA. Paris/França, 2001.

Pinsky I, Laranjeira R. O fenômeno de dirigir alcoolizado no Brasil e no mundo. *Revista ABP/APAL* 1998, *20*(4):160-165.

Playoust D. Syndrome alcoolisme fetal. *Rev Alcoologie,* 1996; *18*(3):285-290.

Playoust D. Syndrome d'alcoolisme foetal. *Alcoologie,* 1996; *18*(3):285-290.

Ramos S. e P, Bertolote JM. Alcoolismo hoje. 3ª ed. Porto Alegre: Artes Médicas, 1997.

Ribeiro EM, Gonzalez CH. Síndrome alcoólica fetal: revisão. *Pediatra* 1995; *17*(10):47-56.

Sanchez CM. Brief didatic treatment for alcohol and drug related problems: an approach based on client choice. *British J Addic* 1990; *85*:169-177.

Secretaria Nacional Antidrogas - SENAD - Centro Brasileiro de Informações sobre Drogas Psicotrópicas - CEBRID, II Levantamento Domiciliar sobre Uso de Drogas Psicotrópicas, Brasília/DF, 24 de novembro, 2006.

Securité Routiere - Laboratoire National D'Essais - Republique Française. Alcool an Volant. Mesurer et Tester. Paris/França, Novembre, 2003.

Societé Française d'Álcoologia. Les conduites d'álcoolisation au cours de la grossesse. *Alcoologia et Adictologia* 2003; *25*(supl 1):45-104.

Sousa ER *et al.* Análise descritiva e tendência de acidentes de transportes terrestres para políticas sociais no Brasil. *Epidemiologia e Serviços de Saúde* 2007; *16*(1):33-44.

Souza RE, Minayo MCS, Franco LG. Avaliação do Processo de Implementação do Programa de Redução de Morbimortlidade por Acidentes de Trânsito. *Epidemiologia e Serviços de Saúde* 2007; *16*(1):19-31.

Statistique. Association Nationale de Prévencion de l'Alcoolisme, Paris/França, 1999.

Streissguth A *et al.* Natural history of the fetal alcohol syndrome: a 10 years follow up of eleven patients. *Lancet* 1985:85-91.

Streissguth AP. Recent advances on fetal alcohol syndrome and alcohol use in pregnancy. *In*: Agarwal DP, Seitzhk (eds.). *Alcohol in health and diseases*. New York: Marcel Dekker, Inc, 2001.

Streissguth AP, Kerns KA, Meteer C. Cognitive déficits in non retard adults with fetal alcohol Syndrome. *J Learn Disabil* 1997; *30*(6):685-93.

Streissguth AP. Fetal alcohol syndrome. A guide for families and communities. Maryland: Paul H. Brookes-Publishing, 1997, 2004.

Subtil D, Dehaene P, Kaminski Crepin G. Álcool et Grossesse. Ed. Techiniques - *Encycl Med Chir Gynecologie/Obstétrique* 1994; *5.048*(20):4.

Sulik KK, Johnston MC, Webb MA. Fetal alcohol syndrome: embryogenesis in a mouse model. *Science* 1981; *214*:936-938.

Swayze VW *et al.* Magnetic resonance imagining of brain anomalies in fetal alcohol syndrome. *Pediactrics* 1997; *99*(2):232-240.

Tentillier E *et al.* Alcool, toxiques neurotropes et accidentologie. *La Revue dês SAMU* 1995; *3*:89-93.

Titran M, Gratias L. *A sa santé – Pour une prise de conscience des dangers de l'alcool pendant la grossesse*. Paris: Ed. Albin Michel (Lille), 2005.

Vaillant GE. *The natural history of alcoholism*. Cambridge: Harvard University, 1983.

Victor M *et al.* Alcohol. *In*: *Harrison's Principles of Internal Medicine*. 10 ed. Philadelphia: McGraw Hill, 1983.

Índice Remissivo

Impresso nas oficinas da
SERMOGRAF - ARTES GRÁFICAS E EDITORA LTDA.
Rua São Sebastião, 199 - Petrópolis - RJ
Tel.: (24)2237-3769